LE

BATAILLON MOBILE

DE BESANÇON A PARIS.

LE
BATAILLON
MOBILE
DE BESANÇON A PARIS.

IMPRESSIONS & SOUVENIRS.

PAR ALEX. DE SAINT-JUAN.

PRIX : 75 CENTIMES.

SE VEND AU PROFIT DES PAUVRES.

BESANÇON.

JULES MARTIN, LIBRAIRE,

GRANDE-RUE, 88.

—

1848.

IMPRESSIONS

ET

SOUVENIRS

DE BESANÇON A PARIS.

Je viens, cher ami, te faire une étrange requête. Je suis de retour depuis hier de Paris, et déjà chacun m'arrête et me demande des détails sur notre expédition de terre et d'eau; plusieurs de nos amis vont même jusqu'à me prier d'en faire une petite narration, qui leur sera très agréable, disent-ils, à relire dans dix ou vingt ans. Le danger d'un mécompte est tellement éloigné d'eux et de moi, que je tente l'aventure. Mais tu sais, mon bon Edmond, combien je suis paresseux. Devine donc comment tu peux m'épargner du travail et contenter de bienveillants curieux ? C'est une énigme pour toi. Voici la solution : renvoie-moi toutes les lettres que je t'ai écrites depuis mon départ, si tu les a conservées par hasard, et je les ferai imprimer. Que ce mot-là ne t'effarouche pas trop, toi qui fuis la publicité comme la peste. Quel mal peut-il y avoir? Nos compatriotes verront que je m'adressais à un esprit tout à la fois grave et enjoué, fort et charmant, à qui l'on pouvait tout dire parce qu'il sait tout comprendre. Ainsi ne te fâche pas, sois obligeant comme toujours ; j'attends ta réponse et mes lettres.

Adieu.

1

PREMIÈRE LETTRE.

Quand un messager de malheur, cher Edmond, nous aurait annoncé qu'Attila et ses Huns menaçaient de nouveau Paris, l'effet de cette terrible nouvelle n'eût été ni plus foudroyant ni plus prompt que celui des dépêches télégraphiques placardées sur nos murs, samedi et dimanche 24 et 25 juin. Ces dépêches ordonnent que tous les bons citoyens se lèvent et marchent au secours de la société menacée. Nous voilà tous debout, le sac au dos, parqués sur des bateaux à charbon, voguant sur le canal du Rhône-au-Rhin et de la Bourgogne ; ils doivent, en six jours, nous conduire à Paris.

J'ai le cœur rempli de sinistres pressentiments et je viens, comme dans toutes mes tristesses, demander à ma plume et à ton amitié surtout, de jeter quelques rayons dans mes sombres pensées. Conviens, cher compagnon des jeux de mon enfance et des études de ma jeunesse, conviens qu'il est cruel de quitter ainsi ses foyers et sa famille pour aller se battre contre des Français ! Pourquoi ? Parce qu'il a convenu à des rêveurs malades, si malades qu'ils seront bientôt morts, de pervertir, de fanatiser de pauvres ouvriers en exploitant leur naïveté ou leur misère. Vous devez être satisfaits, vous qui vouliez un ciment nouveau pour fonder votre république sociale : vous en avez sous la main ; il est fait de sang et de larmes, et, sans courber votre haute taille, vous le ramasserez dans les rues de Paris.

Chez un peuple civilisé, faut-il donc des boulets, des pavés, pour faire prévaloir une idée ? Une nouvelle constitution doit-elle donc être écrite avec du sang ? Ah ! voilà le résultat de vos circulaires, messieurs du gouvernement provisoire ! Voilà le résultat de vos commissaires départementaux ! Vous avez voulu révolutionner le pays ; le pays s'est troublé, les factions, les partis se sont formés, et nous allons guerroyer et détruire au lieu d'organiser et de créer. Faudra-t-il donc toujours tuer pour se défendre, tuer pour se venger? L'expérience ne nous a-t-elle pas assez démontré que le sang a son vertige, et que l'homme, comme un tigre, peut en venir à tuer pour tuer.

Voilà, mon cher ami, les fatales et sanglantes images qui s'agitaient devant nous, et leur pénible impression n'a été dissipée que par le spectacle émouvant qui nous entourait. Te figures-tu la charmante route de Beurre, par une des plus admirables journées de juin, inondée d'une foule immense où, sous un soleil de flamme, s'agitaient ombrelles, parasols, mouchoirs? Pas de clameurs, pas un cri. Les musiques fraternelles de la légion et du 8ᵉ d'artillerie seules se faisaient entendre, et répondaient par intervalles à l'hymne des *Girondins* que nous entonnions en chœur.

La voix humaine, toute médiocre qu'elle est, a des accents que l'orchestre le mieux composé ne pourrait rendre; elle comprend ce qu'elle chante et fait partager le sentiment qu'elle exprime. Rien n'était plus mélancolique que ces strophes alternées : c'étaient tout à la fois des adieux à un père, à une mère, à des sœurs; des promesses de retour à une épouse, à une amante; des recommandations, des protestations interminables échangées de part et d'autre. Mais, chose plus émouvante encore, une femme fendait-elle la presse pour approcher du rivage, au lieu de la coudoyer, la foule si irritable se séparait devant elle : *Cette pauvre dame a son fils unique qui part!* Les mères reconnaissaient la mère, et, les yeux baignés de larmes sympathiques, chacun respectueusement se rangeait sur son passage; alors elle pouvait entrevoir et bénir son fils, peut-être pour la dernière fois. Sparte, tu as eu des souvenirs plus glorieux, mais plus touchants, jamais !

Enfin arriva l'instant suprême. Les officiers firent l'appel des volontaires; pas un seul ne manquait; nous étions sept cents résolus à mourir pour l'ordre et la liberté. — Mais les amarres sont rompues; les trois bateaux, entraînés par de vigoureux chevaux, glissent entre les rives du Doubs.

Alors c'est un redoublement de larmes, une recrudescence de saluts, des paroles sans suite, des cris de *Vive la garde nationale!* des souhaits, des noms, des bras et des fleurs qui s'agitent dans l'air; nos compatriotes nous voient partir, et les toits paternels disparaissent à nos yeux.

P. S. Je ne dois pas oublier de te dire qu'un des adieux qui nous a été le plus sensible fut celui des lycéens; ils nous ont escortés long-temps au pas gymnastique. Notre excellent proviseur, M. Répécaud, courait avec eux comme à dix-huit ans. Oui, tu le concevras facilement, nous avons été touchés au cœur de la sympathie de ces jeunes gens, nous qui, pour la plupart, occupions leurs places sur les bancs il y a peu d'années; nous nous disions, en voyant leur enthousiasme : « Si nous mourons, voilà des vengeurs. »

Si j'avais le courage de rire, je te raconterais que deux jolies femmes ont couru aussi jusqu'à Gouille, traversant comme des amazones les rangs pressés des gardes nationaux de Beurre et d'Avanne. Épuisées de fatigue, elles nous ont jeté chacune un bouquet que l'amour aura pris soin de porter à leur adresse. L'amour seul pouvait donner une telle ardeur à ces nouvelles Athalante. Leurs visages éclipsaient les coquelicots des champs.

Adieu, mon ami, pense à moi. Je continuerai à te détailler notre voyage.

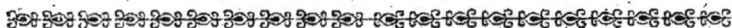

DEUXIÈME LETTRE.

Tonnerre.

Cher Edmond, je n'ai jamais vu la nature plus belle.
Quel contraste avec les choses humaines ! Ici trouble et
ruine, là calme et sérénité. Devant la fraîcheur des eaux,
l'épaisseur des ombrages, la solitude verdoyante des prés,
l'azur inaltérable du ciel, comme on vit bien d'une vie
réelle : cris de douleur et de haine, tout se tait ; les heures
volent moins vite ; l'imagination est si dépassée et le cœur
si rempli, qu'il est impossible de rendre ce que l'on éprouve.
Comme un fumeur d'opium, on succombe à l'ivresse, on
rêve, et l'on se demande si c'est l'humanité ou la nature
qui fut créée à l'image de Dieu.

Tu connais mieux que moi nos vallons, cher ami, nos
montagnes découpées, couvertes de forêts druidiques et de
rochers aux formes fantastiques ; tu sais que l'herbe de nos
prés est plus soyeuse que le velours ; aussi me garderai-je
bien de te décrire les charmants pays que nous avons par-
courus. Un album composé et peint par Cabat, Dupré,
Flers ou Diaz, n'en approcherait pas. Tu sais ce que j'en-
tends par *charmant pays* ; jamais plaine, quelque belle
qu'elle fût, n'a pu me séduire. Une plaine, c'est une belle
femme sans physionomie, que l'on admire, mais que l'on
ne peut aimer.

Le spectacle de la nature a réagi aussi sur mes compagnons ; les fronts se sont déridés en voyant nos chers Comtois aussi bons que leur pays est beau. Velotte, Beurre,
Gouille, Avanne étaient sous les armes, et nous saluaient
comme jamais n'ont été salués des rois. Saint-Vit était des-
cendu de sa colline au bord du Doubs, et nous jetait des
vœux et des fleurs. Quant à moi, comme le sire de Joinville
partant pour la croisade, « je n'osai oncques tourner la face

devers Salans, de peur d'avoir un trop grand regret, et que le cœur ne m'attendrît. » Orchamps, au milieu de la nuit, brillait comme un phare joyeux. La ville dont le nom se trouve toujours mêlé à nos gloires ne s'était pas lassée de nous attendre ; Dole, scintillant de mille feux, célébra notre bienvenue par des fanfares, et nous décerna le drapeau qui flotte à notre poupe.

Le matin dans toute sa fraîcheur nous montre Saint-Jean-de-Losne surmonté de son clocher gothique, son port rempli de bateaux et ses berges couvertes d'une foule compacte parmi laquelle brillent les uniformes des pompiers et des artilleurs. Une colonne de ces braves nous a devancés vers Paris.

Nous étions dans l'ancien duché de Bourgogne ; tu sais ses rivalités avec la Comté, écrites dans l'histoire par maintes batailles sanglantes, transmises aujourd'hui par quelques plaisanteries limitrophes et quelques gourmades de voisin à voisin.

Aussi approchions-nous de Dijon avec de certains pressentiments sur l'accueil qui nous y attendait. On nous avait peint sous des couleurs assez tristes la pression funeste que subit cette ville ; nous connaissions la résistance qu'avaient rencontrée les gardes nationaux disposés à marcher sur Paris : aussi ne fûmes-nous pas surpris d'être accueillis à notre arrivée par de rares démonstrations de sympathie. Mais un séjour de deux heures nous fit mieux apprécier l'esprit qui anime cette intelligente cité. Nous avons reçu, dans les confidences intimes d'une chaleureuse hospitalité, les plaintes et les regrets de tous les bons citoyens, et leur ardente adhésion à notre manifestation.

Disons-le, notre départ fut un triomphe pour la cause de l'ordre et de la République sur l'esprit d'anarchie.

Toute la population s'était portée à nos bateaux, où des gardes à cheval, en grande tenue, nous attendaient pour nous faire de fraternels adieux. Là se traduisirent en acclamations prolongées les vœux que nous avaient révélés les confidences particulières ; ces cris ont dû avoir du retentissement, et si nous en croyons certaines rumeurs déjà parvenues jusqu'à nous, notre passage à Dijon n'aurait pas été sans influence sur des citoyens si bien faits pour comprendre les sentiments généreux et patriotiques.

A Pouilly, Montbard, Ansilfrand, Tonnerre, partout la garde nationale; et jusqu'aux ouvriers des fabriques, témoignaient avec énergie de leur sympathie pour la cause sacrée que nous allions défendre.

Ces élans spontanés et unanimes nous étaient d'autant plus précieux, qu'ils relevaient non pas notre courage, mais notre foi dans la France et dans son avenir. Les petites querelles locales étaient oubliées en présence d'un danger suprême et tous les citoyens unis dans la religion de la patrie et de l'honneur.

De ce mouvement rapide et magnifique qui précipita sur Paris les flots des gardes nationales des provinces, je ne trouve qu'un seul exemple dans l'histoire : les croisades. C'est à cette ressemblance presque sacrée que nous devons attribuer les ovations que nous avons reçues partout sur notre passage.

Ce n'est plus, il est vrai, cher ami, l'Europe et l'Asie qui se trouvent en présence; les noms seuls sont changés. C'est encore et toujours la civilisation et la barbarie, l'ancienne et la jeune France.

La jeune France! Quelle impudente ignorance a osé usurper un si beau nom? Je ne suis pas érudit, mais cependant il ne m'est pas difficile de prouver que les doctrines que les communistes s'en vont colportant comme nouveauté et comme progrès, et que depuis dix-huit ans ils s'efforcent d'insinuer au cœur de la société comme un poison dissolvant, ont ravagé l'Asie il y a mille ans.

Il ne m'est pas difficile de prouver qu'avant Karmath et Mahomet, sous les derniers Sassanides, des sectaires avaient prêché la communauté des biens et des femmes et l'indifférence du juste et de l'injuste; leur seule vertu était l'obéissance aveugle; ils arrivaient, par neuf degrés, de la religion au mysticisme, du mysticisme à la philosophie, de la phisophie au doute, et du doute à l'absolue indifférence. Disparaisse donc l'individualité aussi bien que la famille; point d'arts, point d'images ; plus de rapports entre les frères et les parents ; les familles, sans nom comme sans signe propre, sans perpétuité, les hommes isolés et sans traces, passent comme la poussière vole au désert, égaux comme les grains de sable, sous l'œil d'un Dieu niveleur.

Devines-tu quel est l'auteur que je viens de citer ?—Proudhon, me diras-tu ? —Non, mon cher, ce sont les principes d'un certain Ben-Sabah-Homari, connu vulgairement sous le nom de chef des Assassins ou Vieux-de-la-Montagne, qui s'empara en 1090 de la forteresse d'Alamut (c'est-à-dire repaire des vautours).

Toi qui as toujours partagé mon goût pour l'histoire, tu ne seras pas étonné d'apprendre que, pour tout bagage littéraire, j'aie pris au hasard un volume de l'histoire de France de Michelet ; c'est donc dans notre auteur favori que tu liras, tome second, pages 217, 218, 219 et 220, ce que je viens de te raconter.

Quoi ! cet immense et ténébreux chaos de science, de religion et d'athéisme, aurait l'audace de s'intituler *Jeune France !* Quelle jeunesse, mon cher ! Rétrograder de huit cents ans, c'est ce qui s'appelle retomber en enfance, non dans une enfance pleine d'avenir et de grâce, mais dans cette enfance caduque qui précède la tombe.

Bonnes nouvelles, bonne nouvelles, mon cher Othmar ! La société est sauvée, l'ordre a triomphé à Paris. On prétend que nous allons recevoir à Sens l'ordre de rétrograder ; mais notre colonel nous promet de ne céder qu'à une dépêche spéciale du ministre. Nous voulons au moins remplacer cette malheureuse garde nationale de Paris et ces héroïques enfants de la garde mobile, dont les faits d'armes sont aussi prodigieux que les atrocités des insurgés. Cinq généraux ont été tués sur les barricades ; l'archevêque a été lâchement assassiné. Quelles pertes irréparables pour les bons citoyens ! mais il faut qu'ils se reposent maintenant dans leur victoire. Nous, hélas ! nous courons peu de dangers. Cependant on tire encore sur les patrouilles et les sentinelles.

Au revoir bientôt, mon ami, et vive la République !

TROISIÈME LETTRE.

Sens et Melun.

Une bougie brûle à demi consumée dans une miche de pain. Il est minuit. Le vent du midi pleure dans les arbres des rives, et la toile mouillée qui recouvre nos bateaux claplotte sinistrement au-dessus de nos mousquets formés en faisceaux. A ce début, digne d'Hoffmann ou d'Anne Radcliffe, tu as deviné que nous avions eu une alerte. Un inconnu armé s'était glissé parmi nous. Que voulait-il ? Nous n'en savons rien. Il vient d'être conduit au poste à Sens. Serait-ce un des Voraces de Lyon marchant sur Paris ? On prétendait hier, à Pouilly, que deux mille d'entre eux avaient couché à Arnay-le-Duc et à Saulieu. Etait-ce un éclaireur de leurs bandes ? Dans ce cas, il a dû avoir une idée fort avantageuse de nous et de la disposition stratégique que l'on nous avait fait prendre : c'était à la fois le carré de César, la courbe d'Annibal et l'angle d'Alexandre, un pêle-mêle de fusils, de manteaux et de sacs. Ce qu'on y distinguait le moins, c'étaient les hommes, tant ils étaient courbés sous le tandelet trempé du pont. Au bout d'une demi-heure, officiers et soldats, également fatigués de cette attitude martiale, également engourdis, quoique peu rassurés, étaient redescendus sous le pont avec leurs armes. Mon étrange bougeoir vacille, pétille et va s'éteindre ; je vais être forcé d'interrompre ma narration ; je rampe dans les ténèbres vers mon sac, au milieu des malédictions des ronfleurs que j'éveille.

Le vent redouble de violence et jette sur le bateau une longue file de ces esprits nocturnes qui nous apportent les songes. Je vois défiler devant moi les *Flambards* et les *Montagnards écarlates*, les *Moutons-sans-Laine* et les *Ventres-*

1*

Creux; *Tête-de-Requin*, *Chaudron-de-Feu*, *Pousse-Moulin*, *Ministre-de-Bronze*, sont au milieu d'eux; les *Sans-Miséricorde* et les *Sapeurs-de-la-Mort* ferment la marche; les barricades s'élèvent, le combat recommence, la mousquetterie éclate, le canon gronde, la lumière meurt, la plume me tombe des mains. Je crois que je rêve. Bonsoir, je suis endormi.

. . . .

. . . .

Quelle douce chose que l'air pur du matin aux premières lueurs de l'aube, après une nuit étouffante comme celle que nous venons de passer! Presque tous mes camarades dorment encore. Je me promène sur le pont, seul avec toi, mon cher ami, entre les deux éternelles lignes des peupliers du canal. Cet aspect est triste et monotone, sans doute; mais la nature, plus encore qu'une femme coquette, trouve toujours moyen d'être belle. Elle n'a guère souci d'être vraisemblable; de sa palette variée, elle tire à chaque instant des tons ignorés des artistes; elle fouette les nuages de cent mille façons, leur donne des nuances qui ne sont jamais pareilles. Si je te peignais ces premiers rayons du jour tels que je les vois, vaporeux, humides, moitié bleus, moitié roses, filtrant dans le mince intervalle qui sépare ces noirs peupliers, tu dirais que ces étranges effets de lumière n'ont jamais existé. Il s'exhale pour moi, de cet étroit paysage, de cette longue allée d'eau, une mélancolie douce et profonde. On n'entend, dans le feuillage, que le petit cri joyeux ou plaintif de l'oiseau sur son nid, et les frémissements presque insensibles de la brise.

C'est le moment ou jamais de te parler à mon aise et avec détails de mes compagnons de route, eux dont la cordialité vraiment fraternelle et sans gêne, dont la gaîté malicieuse compense si bien les ennuis et les fatigues inséparables de notre manière de cheminer, qui est tout bonnement celle des harengs dans leur caque. Cette manière était-elle la meilleure? Nous en doutons tous. Ne valait-il pas mieux, en charriots de poste, par Gray et Langres, atteindre Troyes, où le chemin de fer et le bateau à vapeur nous eussent con-

duits en un jour à Paris? Mais, comme dit le capitaine
Marryat : *Ça ira mieux une autre fois.*

Cher ami, que te dirai-je d'abord? Comme tous les
voyageurs, nous eûmes faim et soif, d'autant plus faim,
d'autant plus soif, que nous n'avions que des viandes salées
pour approvisionnement. Nous nous regardions souvent les
uns les autres pour savoir si nous ne commencions pas à
être changés en sel comme la femme de Loth. A chaque
bourg important, les officiers qui commandaient les relais
n'auraient-ils pas pu nous faire préparer une immense
chaudronnée de soupe et remplir quelques tonnes d'eau
fraîche? La soupe fait le soldat; aussi ne l'étions-nous
guère. C'était la faute de la soupe.

Nous eûmes donc très faim et très soif, comme tu en
juges. Il nous arriva aussi de débarquer et de nous rembar-
quer, de boire et de manger, même assez copieusement, à
terre; de nous fatiguer et de nous reposer; mais de nous
reposer comment et de quelle façon?

Combien nous avons envié souvent le sort de ces heureux chevaliers du moyen-âge, qui rencontraient chemin
faisant des enchanteurs et des fées, des magiciens et des
héroïnes, des Angélique et des Médor, et surtout des hôtel-
leries où ils ne payaient que de bonne mine. — Ah! mon
cher, je crains que la République ne tourne à la royauté
du cabaret : tout autre commerce est à bas; lui seul est plus
florissant que jamais. Il fallait voir comme l'hôtelier, en
bonnet de coton, en veste blanche et ronde, trônait sur son
comptoir; il faisait à notre approche des rêves de toutes
sortes et de toutes couleurs, couleur de rose et de pourpre,
où l'or brochait sur le tout. La crème et le café semblaient
jaillir de ses paroles, le roastbeef s'épanouissait dans ses larges sourires, et la mousse du champagne étincelait dans ses
yeux en goguette; sa voix avait des accents de sirène; c'est
le cas de dire qu'il nous attirait pour nous dévorer. Dans
ce siècle de scepticisme, l'aubergiste a conservé une foi
très vive; il croit à la présence réelle, mais seulement dans
une pièce de cent sous; chez lui, point d'idéal et d'enthousiasme, aucun de ces généreux instincts qui remuent l'âme.

Tandis que les bons propriétaires des campagnes se met-
taient volontairement à contribution pour nous recevoir et
nous offrir à l'envi et de la meilleure grâce les provisions
de leur simple ménage, que nous refusions par discrétion
mais avec reconnaissance, l'hôtelier seul se rappelait la
morale de la fable des *Grenouilles et du Soleil* : À quelque
chose malheur est bon. Les acteurs de ces petites comédies
improvisées jouaient leur rôle avec tant de naturel et d'ha-
bileté, que lors même que nous étions étrillés et mystifiés,
nous ne pouvions nous empêcher d'en rire, tout en jetant
le reste de notre dîner par la fenêtre de peur qu'ils ne le
servissent à d'autres le lendemain. Qu'on dise, après cela,
que les jeunes gens n'ont pas de prévoyance.

Quel bavardage, mon cher, et combien je me suis éloigné de mon sujet. Je voulais te décrire mes amis, et je ne
t'ai dépeint que mes ennemis. Que de bons mots, que de
folies ont été dites dans ces bateaux! Maintenant ouvre ton
parapluie, voilà l'averse des calembourgs qui va commencer. J'ai regretté tout-à-l'heure les merveilleuses aventures
des voyageurs du moyen-âge, et je ne t'ai pas parlé de
notre nuit de Joigny! Oubli inqualifiable! Tu croyais
comme moi que Circé seule, dans l'antiquité, et les beaux
yeux d'une femme, dans les temps modernes, pouvaient
métamorphoser d'honnêtes citoyens en bêtes. Eh bien!
mon bon, détrompe-toi : à Joigny, sans baguette et sans
beaux yeux, ce prodige s'est opéré; les nécromanciens n'é-
taient autres que nos officiers, qui nous ont menés tout droit,
par une pluie battante, nous coucher dans une écurie. La
nature humaine révoltée voulait absolument sortir de ce
ténébreux gîte. Ce fut une avalanche de coups de pied, de
coups de poings, à n'en pas finir. On se cherche dans l'obscurité, on se poursuit sans se rencontrer, on se provoque
sans se reconnaître, on s'arrache les bottes de paille, on
s'en sert comme de projectiles; on réclame l'égalité de la
litière avec des cris et un vacarme d'enfer. Heureusement
qu'un de nos officiers rétablit le calme par des paroles
pleines d'énergie et de convenance. Tu te préparais, je
crois, pour l'école Saint-Cyr avec Estreyer; c'est lui qui

d'un mot apaisa l'orage : il eut le bon esprit d'oublier qu'il portait les épaulettes de capitaine, il nous parla comme à des camarades, et nous nous rendîmes à ses raisons. Il nous distribua lui-même notre ration de paille et nous devînmes d'excellents garçons.

Charlet n'a pas fait de plus délicieux tableau que celui que nous offrîmes, en ce moment, à la rouge clarté d'une lampe enfumée. L'un chantait une romance, l'autre une chanson à boire, celui-là un hymne patriotique. Celui-ci, réveillé en sursaut par un brin de paille traîtreusement insinué dans son nez, roulait des yeux blancs dans un visage de bronze, et ressemblait à ces nègres qui ont une horloge dans le ventre.

Le sort m'avait placé côte à côte de deux joyeux enfants de Battant; ils ne se quittaient pas plus qu'Oreste et Pilade. Natures originales et vivaces, épaules larges et fortes, têtes intelligentes et carrées qu'un faiseur de sentimentalité aurait peut-être dédaignées, mais qu'auraient choisies Vélasquez et Chardin. Quant à moi, qui ne pouvais les peindre, mon plaisir était de les écouter. Rien n'était charmant comme la prodigieuse gaîté de leur récit et leur merveilleux instinct pour piquer la curiosité. Les *Amours du bonhomme Hugonnet!* c'était à faire pâmer de rire une quakeresse; ils eussent guéri le *spleen* en personne.

Si je ne te cite pas ces histoires, c'est que je ne saurais y mettre la même grâce; elles perdraient trop à passer sous ma plume. Il y avait dans ces bluettes de grosses bêtises (et les plus grosses sont les meilleures), du grotesque, des pointes, des calembourgs, rien n'y manquait; l'esprit et la modestie des conteurs faisaient applaudir sans cesse à leur verve intarissable. Brave Fusenot, joyeux Boya, ils n'ont lu ni Zadig, ni Joconde, ni Grimm, ni Hoffmann, et ils ne se doutaient pas qu'ils jetaient au vent une nouvelle page de La Fontaine ou de Voltaire.

Depuis Joigny nous naviguons sur l'Yonne, sous un soleil du Saharah; mais quelle rivière que l'Yonne! Il y a si peu d'eau, que nous craignions d'en boire de peur de la mettre à sec. Dans cette extrémité, la Providence a envoyé à notre secours la cantinière avec des tonneaux de bière; la bière est chère et détestable. Quant à *Françoise*, c'est la beauté du diable; elle ne peut plaire qu'à ceux qui ont le diable au corps; néanmoins elle joue un très grand rôle dans notre état-major, où la galanterie s'accroît en proportion des années.

Depuis notre départ nous voyons tant de bois, tant de villes, tant de bourgades, tant de hameaux, que nous finirons bientôt par croire qu'il n'y a au monde qu'une seule forêt et une seule ville.

Non, mon cher, l'homme n'est pas né pour les pérégrinations. Décidément j'aime mieux ma pantoufle percée que les plus belles bottes de voyage. Nous aurions pu aller, je crois, en Amérique depuis que nous avons quitté Besançon. La lenteur succède à la lenteur, les écluses aux écluses, les avaries aux avaries. Nous avons en outre la gentille perspective de sauter en éclats avant d'arriver à Paris: chacun fume sur le pont, couche avec des allumettes chimiques dans la paille, près de la poudre. Mais au moins nous avons l'assurance de ne pas couler bas : deux courageux frères, deux aimables compagnons, les jeunes Blondeau, sont toujours, la hache d'une main, une planche de l'autre, réparant de nos chocs le déplorable outrage. Sans eux, quelques pêcheurs, un beau matin, nous auraient trouvés dans la vase, au fond du bateau, comme des poissons morts dans une nasse.

Grâce à Dieu, voici Montereau. Si ce n'est pas une ville, la Seine du moins est une rivière, et une rivière bienvenue, qui nous conduira rapidement à Melun. Nous venons de voir la charmante vallée de l'Armançon; mais celle que nous suivons pour arriver à Melun nous paraît non moins charmante; seulement, la nature a changé de style : nous avons, à notre droite et à notre gauche, des coteaux onduleux et verdoyants où s'échelonnent de délicieuses villas; parmi lesquelles on montre le château de l'atroce Praslin. C'est un vrai paradis. Je croyais que les monstres n'habitaient que des antres.

Quel spectacle merveilleux! A l'horizon oriental, le ciel

d'un bleu pur, où l'obscurité s'avance en laissant tomber derrière elle les plis de son manteau brillant d'étoiles ; à l'occident, au contraire, tout est flamme pourpre et or. Une ville découpe sa silhouette brumeuse sur le fond éblouissant et lumineux : c'est Melun. Nous débarquons, on nous accueille, ou nous fête aux cris de *Vive la garde nationale !* *Vive la République !* Je te quitte pour fraterniser avec ces nouveaux amis.

QUATRIÈME LETTRE.

Encore nous embarquer ! Conviens, cher ami, que pour un homme dont l'imagination va plus vite que le ballon et le chemin de fer, notre bateau sans vapeur est une triste locomotive. Lassés d'ennui, de désœuvrement et de fatigue, haletants de chaleur et de manque d'air, ne voyant aucun remède à nos maux que la patience, nous avons décidé, dans notre excellent sens comtois, que ce que nous avions de mieux à faire c'était de dormir ; en conséquence, la plupart de mes camarades ronflent à qui mieux mieux. J'essaie en vain de les imiter, mes paupières obstinées se rouvrent sans cesse. Il vaut mieux renoncer au bonheur qui nous fuit que d'user inutilement notre vie à le poursuivre. Je renonce donc à ce doux sommeil, objet de mon envie ; mais, étrange bizarrerie de l'homme ! il désire toujours ce qu'il n'a pas. Au milieu de ce beau fleuve, coulant à pleins bords entre ces plaines fertiles et verdoyantes, je regrette ma Franche-Comté et ses plus agrestes montagnes, Besançon et les fortifications qui le dominent, Granvelle et Chamars rongés par les chenilles, et jusqu'à Rosemont, chenu comme la tête d'un philosophe. La poésie ne me montre plus Paris dans un rêve illuminé ; Paris n'est plus pour moi cette ville merveilleuse si désirée de mes vingt ans, séjour fantastique où les hommes de talent, de cœur et de génie puisaient la force en touchant le sol, comme Antée. Non, mon ami, le Paris de ma jeunesse n'est plus !

Multa hospitia, paucas amicitias :

Beaucoup de gîtes et peu d'amis. Ce proverbe, si triste en voyage, a complètement tort à mon égard. Ma bonne étoile m'a fait faire une connaissance intime avec un de

mes camarades nommé Henri Berthoud, juste comme l'auteur des légendes historiques qui firent notre bonheur au
collége. Berthoud est un beau garçon, à la barbe noire et
fine, au teint brun et animé. Il a ce regard doux et ferme
que Léopold Robert a donné à ses immortels *Moisson-
neurs;* mais ce qu'il possède de meilleur encore, c'est un
cœur d'or. Plus jeune que moi, il est plus robuste et plus
fort : aussi me traite-t-il avec les attentions bienveillantes
d'un frère aîné pour un jeune frère. Tu sais que je suis
capitaine à Durnes ; cependant j'avais laissé mes épaulettes
pour un sac de simple volontaire. Je ne m'étais pas sou-
venu que petite charge pèse de loin ; elle m'aurait pesé
encore bien davantage sans mon athlétique ami, qui
maintes fois porta gaillardement son sac et le mien, m'i-
nitiant doucement à la vie militaire.

Si jamais une mauvaise fortune te conduit à Corbeil,
fuis, si tu tiens à te nourrir, l'hôtel de la *Belle-Image.*
Nous étions trente à table, affamés comme quarante ; le
silence religieux qui précède les grandes actions régnait
parmi nous. On nous sert ; un premier plat passe ; chacun le suit des yeux ; les estomacs le convoitent ; on at-
tend son tour avec inquiétude ; il semble que l'on nous en-
lève une partie de l'âme à chaque morceau qu'on dé-
tache de cette tête de veau. Selon le précepte de l'Evangile, je m'étais mis à la dernière place ; le bienheureux
plat s'approche ; je tends des mains pleines d'espoir :

> Un petit bout d'oreille, échappé par bonheur,
> Sans apaiser ma faim me décèle une erreur.

Je me résignai à attendre le second plat ; c'était..... la
moitié d'un poulet ! A ce lugubre aspect chacun interpelle
l'hôtesse : on lui demande si ce poulet revient des barricades ; on s'efforce de lui faire comprendre qu'il serait
mieux aux invalides civils que parmi nous. Je me consolai
tant bien que mal, en soupirant : j'avais entrevu des ro-
gnons sautés. Triple déception ! le plat vide ne m'arriva
pas même. Ce festin de Tantale me coûtait la moitié d'un
écu.

En arrivant à Corbeil on nous avait distribué des cartouches par mesure de précaution. C'était la première fois
de ma vie que je recevais un pareil cadeau, avec la manière de s'en servir. On disait jadis qu'un soldat, dans sa
giberne, portait un bâton de maréchal de France; mais,
hélas! nous n'y portions que la vie d'un ou de plusieurs
Français. Nos mains n'avaient jamais été meurtrières que
de perdrix et de lièvres, et l'idée de répandre le sang d'un
homme, si coupable qu'il fût, nous causait des frissons
d'horreur. Tu vois, cher ami, que nous ne sommes pas
des soldats farouches, quoique nous soyons partis pour
nous battre contre les insurgés. Les misères et les malheurs
des ouvriers sans travail nous attendrissent profondément.
Nous n'avons pas l'injustice d'attribuer à la masse la cruauté
et la dépravation d'une fraction. Moi, qui connais ta philosophie douce et chrétienne, je tiens à t'expliquer nos
sentiments sur cette douloureuse question. Si les insurgés
n'étaient que des révoltés ordinaires, si leur férocité de
sauvages, si leurs principes surtout n'étaient pas une gan-
grène dévorante, menaçant de ses ravages destructeurs
les ouvriers honnêtes et la civilisation tout entière, oh!
nous dirions alors que Dieu s'est réservé la vengeance en
son temps, et malgré notre indignation, nous oublierions
les crimes et les criminels; mais ce n'est pas vengeance
d'arrêter les progrès de l'incendie en coupant le feu; ce
n'est pas vengeance d'enlever à un corps, si beau qu'il
soit, un membre malsain, pestilentiel. Donc justice et pu-
nition aux coupables, secours et moralisation aux autres.
Voilà mes convictions; j'espère qu'elles s'accordent avec
les tiennes.

Si, comme toi, j'habitais parmi des populations manu-
facturières, il me semble que je leur expliquerais si bien la
vérité, que je leur montrerais si clairement leurs intérêts inséparables des nôtres, qu'elles se rendraient à mes raisons.
Tu vas sourire de ma présomption, toi qui sans doute as es-
sayé cent fois cette difficile tâche. Eh bien! oui, je leur
dirais : « Travailleurs, mes concitoyens, n'entrez pas dans
ces associations où l'obéissance aveugle, en sacrifiant votre

liberté, peut vous entraîner au crime; attendez et voyez quel sera le sort de ceux qui déclarent la guerre à la société; si leur sort est heureux, il sera temps de les imiter; mais songez avant tout que la civilisation, que l'humanité même, reposent sur ces bases, immortelles comme le Dieu qui les a créées : la religion, le travail, la famille et la propriété. Si vous voulez saper ces bases, l'édifice, en s'écroulant, vous écrasera dans sa chute. Mais que dis-je ! il ne s'écroulera pas, il trouvera toujours des milliers de défenseurs. — Le travail manuel a jadis affranchi la pensée; aujourd'hui la pensée veut affranchir le travail manuel. — Vous ne pouvez l'ignorer, vous êtes l'objet de toutes les sympathies. OEuvres et méditations tendent continuellement à vous procurer une position meilleure. Vous devriez en être touchés. Vous seuls pouvez, par vos fureurs et vos impatiences, entraver tant de généreux efforts et retarder pour long-temps peut-être les glorieuses destinées de l'humanité.

» Ouvriers, je vous le répète, gardez-vous surtout des faux frères, dont le visage sait revêtir tous les masques; attendez, pour votre bonheur et pour celui de la France entière, attendez les améliorations des temps et des lois. Nous voulons tous du fond du cœur vous donner tous les moyens possibles d'acquérir le bien-être, la fortune même par le travail; c'est à vous de les conserver par l'économie et de les transmettre à vos familles au-delà du tombeau.

» Mais si vous reniez les préceptes divins qu'ont appris vos jeunes années, si le juste et l'injuste vous deviennent indifférents, vous verrez bientôt, hélas ! trop tard pour vous peut-être, que vous êtes cruellement trompés. »

Edmond, pardonne-moi de prêcher ainsi un converti. Depuis ce matin, les deux vers que voici me trottent continuellement dans la tête :

> Ainsi de la vertu les lois sont éternelles,
> Les peuples ni les rois ne peuvent rien contre elles.

C'est donc à Louis Racine et non pas à moi que tu dois attribuer ce sermon.

Non, certes, je ne confonds pas les ouvriers avec ces Brutus de taverne qui voient le monde sans dessus dessous parce qu'il sont ivres; qui veulent tuer, mais pour bien vivre; amateurs de sang humain et de chevreuils aux ananas; grossiers comme des esclaves romains; corrompus comme des Héliogabales; réunissant les défauts de toutes les classes sans aucune de leurs qualités; mécontents sous toute espèce de gouvernement. Oh! ceux-là, mon cher, n'espère pas les convaincre. Ce sont des Caïns envieux de leurs frères jusqu'au meurtre. Ils n'ont pas seulement en haine les couronnes de roi; les couronnes de laurier, d'honneur et de vertu, choquent plus encore leur médiocrité jalouse; la supériorité les effarouche, la distinction leur répugne, la loyauté leur est suspecte, la capacité les humilie. Non, ces gens-là ne sont pas du peuple, mais la plaie du peuple. Jamais leur bassesse ne trouvera un niveau pour leur orgueil; ils s'intitulent pourtant *Hommes d'avenir*. Il est vrai qu'ils ignorent le passé, qu'ils en rejettent l'expérience et qu'ils dédaignent le présent. A eux l'avenir, c'est là que doivent se réaliser leurs rêves religieux et politiques. Ouvriers trop crédules, ces hommes que vous mépriseriez isolément, dont la vie a toujours quelque tache, à qui vous refuseriez de serrer la main si vous les connaissiez, ce sont ceux que vous écoutez dans un club, dans une halle, dans une grange; ce sont eux que vous applaudissez comme des libérateurs. Votre bon sens et votre conscience ne vous diront-ils pas bientôt qu'au lieu de cet âge d'or qu'ils vous prêchent, ils vous feront tomber de leurs phrases dans la boue? Malheureux insensés, nous ne vous haïssons pas, nous vous plaignons en vous aimant plus que vous ne vous aimez vous-mêmes.

Quelle explosion oratoire! Tu vas craindre une seconde distribution de cartouches. Rassure-toi. Rugissante comme le lion de l'Ecriture, la locomotive nous emporte; nous traversons au vol de la vapeur les environs de Paris, semés de petits châtelets roses et blancs, aux perrons ornés de l'hortensia fidèle et du géranium indispensable; nous traversons de petits bois peignés comme des modistes, de pe-

tits lacs plus ou moins arides avec des ponts chinois. Tout
cela respire le calme et le bonheur domestique. Jamais on
ne croirait qu'à quelques heures de ces paisibles lieux on se
soit égorgé, il y a huit jours, comme des bêtes féroces dans
un amphithéâtre. Mais la vapeur qui nous entraîne redouble ses sifflements infernaux; sa course devient plus
rapide; nous entrevoyons au loin le dôme du Panthéon;
l'enceinte de Paris passe devant nos yeux comme une
décoration de théâtre. Voici le débarcadère, nous sommes
arrivés. Un cabriolet prend nos sacs; le colonel à cheval
nous fait ranger en bataille; mes camarades se mettent en
marche par les boulevards; je cours rejoindre l'avant-
garde. Adieu.

CINQUIÈME LETTRE.

Quelle horreur ! quel dommage ! Pauvre Paris ! pauvres Tuileries ! Non, je ne l'aurais jamais cru, si je ne l'avais vu. C'est affreux ! c'est dégoûtant ! c'est plus que tout ce que je puis t'en dire ! Nous campons dans le palais des rois, et nous regrettons l'écurie de Joigny. Que les savants ne s'avisent plus d'apporter à Paris des fragments des ruines de Ninive ou d'Alexandrie. Les ruines ne lui manquent pas. O peintres ! ô statuaires, artistes, architectes, sculpteurs ! voyez ce qu'on a fait des chefs-d'œuvre de vos mains. Osons parler maintenant de Théodoric et d'Attila, de Goths, de Scythes ou de Vandales.

D'abord hôpital des invalides civils, les Tuileries ne sont plus qu'une caserne. Cette magnifique galerie qui précédait la salle du Trône et qu'on appelait, je crois, le Salon-Blanc, galerie ciselée comme un bijou, étincelante de glaces, de dorures, de lustres, de torchères, comme un palais de fée, toute rayonnante encore de la gloire de l'empire et des fêtes splendides des deux dynasties déchues, ce n'est plus qu'un immense corps-de-garde. La paille recouvre à peine les parquets effondrés ; le suif des chandelles macule les glaces, où nous pouvons cependant nous voir tels que nous sommes. Spectacle peu flatteur : teint de mulâtre ; barbe de Juif, cheveux de Méduse ; poussière sur les habits, poussière sur les visages, poussière sur les souliers ; uniformes fanés, blouses passées, habits râpés. Nous formons une collection telle, qu'il faut que notre patriotisme soit très connu pour que l'on ne confonde pas plusieurs d'entre nous avec des brigands, non d'opéra comique. Nous avons tous rudement souffert ; travailleurs de cabinet ou travailleurs des champs, avocats, ouvriers, négociants, littérateurs, médecins, cultivateurs même, nul n'était assez endurci à la fatigue pour ne pas y succomber sur la litière qu'on nous offrait aux Tuileries. Les deux statues en marbre du chancelier *L'Hôpital* et de *d'Aguesseau*, ouvrant leurs grands yeux blancs, tout stupéfaits de nous voir, semblent nous saluer leur toque à la main. Malgré notre triste équipage, nous sommes beaux de patriotisme, et ces grands hommes le comprennent.

Cependant nous avons fait fort bonne contenance en traversant Paris; l'amour-propre surmontant la lassitude, nous défilions si fièrement, que tu as pu lire les éloges que les journaux ont fait de notre tenue militaire. Dans notre marche rapide, nous n'avons presque rien vu: seulement, la colonne de Juillet, sur la place de la Bastille; le faubourg Saint-Antoine, criblé de balles et troué par le boulet; la porte Saint-Denis, élevée par Louis XIV en mémoire de la conquête de la Franche-Comté. Nous la toisâmes d'un regard superbe; elle nous rappelait non pas une défaite, mais une lutte de trente ans avec le roi le plus puissant de l'Europe. Plus loin, nous saluâmes la colonne Vendôme, monument *de bronze et de gloire*, comme dit Victor Hugo. Nous avions en partie traversé les boulevards, ceinture animée et brillante de Paris. Je les reverrai mieux ce soir, car on nous permet enfin de coucher dans un lit. Un lit! ce seul mot me repose, me rend mes forces et mon courage. Je vais courir. Au revoir.

Mardi matin.

Je suis seul dans une bonne petite chambre, où j'ai dormi du sommeil du juste. Avec quelle volupté j'ai senti mon corps prendre une pose horizontale entre deux draps de neige! Mon cher, après huit jours d'insomnie dans un poudreux et étouffant uniforme, on est tenté de croire que se coucher dans un lit est la première chose qui nous distingue des brutes. Oui, c'est bien là surtout que *l'homme élève un front noble et regarde les cieux.*

J'ai fait hier une tournée sur les boulevards de la place de la Bastille jusqu'à la Madeleine. C'est presque un voyage;

mais c'est là qu'est toute l'histoire de Paris. Quelle malé-
diction pèse donc sur cette place de la Bastille, champ de
bataille fatal où tant de luttes ont éclaté, où tant de luttes
éclateront peut-être encore? C'est bien elle qu'on devrait appeler la *place des Révolutions*. C'est là que s'élevait la redou-
table forteresse bâtie par Charles V, menace arbitraire et fou-
droyante de la monarchie, que le souffle puissant du peuple
renversa par un beau jour de juillet, malgré ses grilles, ses
machicoulis, ses cachots et ses fossés. Mais, comme si le
despotisme de l'émeute eût voulu remplacer le despotisme
royal, c'est là que se dressa la première et la plus formidable barricade des insurgés de juin, Bastille aussi ef-
frayante que l'ancienne, aussi meurtrière pour la liberté,
que le peuple encore, la garde nationale, brisa comme un
verre il y a si peu de jours. Maintenant des pavés mal ran-
gés et des tentes éparses attestent seuls le lieu du combat.

Si les traces matérielles de ces dernières catastrophes ont
à peu près disparu, l'effet moral n'en sera pas effacé de
long-temps. Paris, de triste qu'il était, est devenu lugubre;
ceux qui ne l'ont pas habité depuis un an ne pourraient le
reconnaître; ceux qui l'ont quitté en avril dernier ne le re-
connaîtraient pas davantage. On dirait la cité morte des
contes arabes, où le voyageur erre à travers les simulacres
de la vie. Les théâtres échelonnés sur les boulevards, la
Gaîté, l'Ambigu, la Porte-Saint-Martin, le théâtre Histori-
que, où chaque soir l'oreille épouvantée entendait des dra-
mes dont le bagne ou l'échafaud étaient les dénoûments obli-
gés, montrent tristement leurs façades aveugles et leurs
portes closes comme des bouches muettes. Le Gymnase,
rendez-vous élégant de la riche bourgeoisie; le théâtre des
Variétés, où le quartier du Palais-ex-Royal jetait son trop
plein turbulent et licencieux; les Italiens et l'Opéra, ces
merveilles de talent, ces féeries du luxe et des arts, sont
plus silencieux que les tombeaux du Père-Lachaise. *Quand
la raison a la fièvre, l'esprit a une extinction de voix.*

Cette phrase a été dite ou écrite par quelqu'un dont je ne
me rappelle plus le nom, j'ignore dans quel temps, dans
quel journal, dans quel livre; mais comme je la trouve

juste, je la prends. Pour que l'auteur la réclame, fais-la publier dans les *Petites-Affiches*.

Le boulevard des Italiens lui-même, où se rencontraient naguère les sommités sociales de Paris, l'industrie, l'élégance, la politique, la littérature; *Eldorado* commençant à la maison du feu duc de Las Marismas (prononcez *Aguado*), finissant à celle du baron de Rothschild; petit coin de terre plus riche que certains royaumes, résumant en lui la Chaussée-d'Antin, les faubourgs Saint-Germain et Saint-Honoré; où débouchent les rues Vivienne, du Helder et de la Paix; conduisant aux Tuileries, à la Bourse, aux chemins de fer de Saint-Germain; le boulevard des Italiens n'existe plus. Cependant rien n'y est changé en apparence, ce n'est que la vie qui lui manque. On y voit toujours des magasins splendides où trônent des dames de comptoir désœuvrées, attendant éternellement des acheteurs qui ne viendront pas. Le café Anglais, la Maison-Dorée, le café de Paris, sont toujours là; mais ils sont déserts. La foule élégante est remplacée par des étrangers, non pas des milords et des princes russes. Des gardes nationaux, des marchands ruinés, des dames étouffant sous de riches toilettes d'hiver, luxe attestant leur misère, des ex-duchesses mises comme leurs femmes de chambre, de jolies voitures traînées par des chevaux de louage, de beaux chevaux montés par des palefreniers, voilà, mon cher, le boulevard des Italiens tel que je l'ai vu hier soir. N'ai-je pas raison de dire qu'il n'existe plus?

Il est vrai que Paris est en état de siége; mais ce n'est pas à cette cause seulement qu'il faut attribuer son aspect morne et dépeuplé. L'état de siége cessera; plût au ciel que la tristesse et le malaise cessassent avec lui! Paris redeviendra-t-il jamais ce qu'il était? Oui, si l'industrie, le crédit, la confiance, la richesse, y ramènent le luxe et les arts; non, si des lois stupides, somptuaires et mortuaires, leur portent le dernier coup.

Vous ne nous trouvez donc pas encore assez laids, économistes crasseux, avec nos becs de gaz fumeux, nos chapeaux ronds, nos bottes mal cirées, nos habits écourtés, nos foulards de Lyon imprégnés de tabac, nos pantalons étriqués, nos orateurs, nos représentants?

Vous ne nous trouvez donc pas encore assez laids, vous qui voulez arrêter cette tendance de l'homme toujours active, toujours ascendante, pour ennoblir les créations industrielles et y faire descendre la beauté? Vous ne savez donc pas que le luxe est le beau uni à l'utile, et doublement utile, comme beauté d'abord, comme utilité ensuite. C'est parce que Léon X, François Ier et les Médicis l'avaient compris, que nous avons eu la *Renaissance* des lettres et des arts. Mais vous, que comprenez-vous? Si vous supprimez le luxe et l'industrie, si vous réduisez la vie à ses premiers éléments indispensables, d'un bond en arrière, vous nous replongez dans la sauvagerie.

Nous ne sommes plus au siècle de Louis XIV, où l'on payait très cher le privilège de porter un *habit à brevet*, et nous éprouvons une horreur si progressive des impôts, que nous nous passerons fort bien des objets d'apparat. Les Buckingham, les Fouquet, les Brunoy n'existent plus; leurs prodigalités providentielles sans doute sont devenues des impossibilités; les colossales fortunes se sont divisées pour se répandre; l'extension de la propriété dans les masses a produit l'extension de la liberté : compromettre l'une, c'est compromettre l'autre.

Frappez d'une nouvelle taxe les cachemires de l'Inde, les chevaux de prix, les voitures armoriées, les laquais et les chiens; aussitôt le tartan national couvrira toutes les épaules féminines; les chevaux de ferme traîneront dans les villes la patache de famille; la cuisinière sera seule à la fois valet de chambre, maître d'hôtel, coureur et portier; on chassera avec le chien de l'aveugle; enfin si la ceinture dorée que portaient jadis les femmes honnêtes devait aujourd'hui payer un impôt, soyez sûrs que nulle n'en voudrait.

A moins que vous n'imposiez directement la vertu et le talent, seule distinction que l'honnête homme ne cédera jamais, mais que le percepteur trouvera difficilement, vu la modestie qui les cache et la rareté qui les caractérise, vos lois somptuaires ne vous rapporteront rien.

Il est quelque chose de plus triste encore que le boulevard des Italiens : c'est le boulevard des Capucines. Les arbres sont coupés, les bancs renversés; c'est mal éclairé,
c'est sombre, c'est sinistre; on craint d'être victime d'un
guet-à-pens; l'hôtel du ministre des affaires étrangères,
d'une teinte verdâtre et livide, semble s'y embusquer dans
un coin; le passant attardé regarde avec anxiété cette porte
que l'on pourrait appeler *scélérate*, comme autrefois à
Rome on appela celle où passa la parricide Tullie; même
dans le silence le plus solennel de la nuit, on croit y entendre la fusillade inepte ou traîtresse du 24 février; on
croit y entendre les cris du peuple innocent massacré; on
croit y entendre le bruit de la chute de la monarchie.

Mais quel est ce temple moitié grec et moitié romain,
dont la lune argente la blanche colonnade? C'est la Madeleine. Tournez ses premières marches. Voyez-vous cette
immense place où le gaz s'allume en longs cordons de feu,
où l'eau jaillissante des fontaines monte sans cesse vers le
ciel et retombe comme pour laver la terre? C'est la place de
la Concorde. Là aussi est tombée une monarchie; là sont
morts Louis XVI, Marie-Antoinette, Mme. Elisabeth, et
lui encore, André Chénier, le poète : bonté, beauté,
poésie. Mais avancez. Devant vous se dresse l'obélisque de
Sésostris, témoin des révolutions des siècles écoulés, et
l'arc de triomphe de Napoléon, témoin des révolutions du
siècle présent. Spectacle sublime, rêve prodigieux! Cette
contemplation a ses vertiges; on est écrasé par ces souvenirs, ces crimes et ces gloires. Paris, ton passé terrifie;
Paris, ton avenir épouvante; les yeux en sont éblouis; ils
se ferment, prêts à pleurer.

Voici neuf heures, l'heure de l'appel, et je cours aux
Tuileries; je n'ai que le temps de t'embrasser.

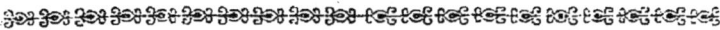

SIXIÈME LETTRE.

« Il n'est occupation plaisante comme la militaire : je la trouve grande, forte et généreuse, dit Montaigne. » Grande, forte et généreuse, soit ; mais plaisante, mon cher, oh ! certes non : c'est presque aussi ennuyeux qu'un mélodrame et aussi fatigant qu'une tragédie. Je m'échappe pour t'écrire, après une nuit de piquet dans la cour des Tuileries, suivie d'un jour de garde dans la salle des Pas-Perdus, suivi lui-même d'une autre nuit de piquet à l'assemblée nationale ; c'est un poste d'honneur qui réunit à la fois, ou plutôt successivement, l'Afrique et la Sibérie. Je suis éreinté comme un vieux cheval de course, enroué comme une chouette le lendemain du sabbat, hâletant comme un soufflet de forge à moitié crevé. J'ai fait pitié à l'excellent Briot, dont l'amitié m'a été aussi utile que la science : il m'a dispensé d'un jour de service. Qu'on ne me dise plus qu'*Il vaut mieux faire envie que pitié.*

Je n'ai pas grand goût pour les héros athlétiques. La force physique était un immense avantage chez les peuples barbares ; mais, chez les peuples civilisés, elle a beaucoup baissé de prix ; la poudre à canon et la vapeur ont achevé de la déconsidérer. Je conviens qu'Homère en a chanté l'éloge ; mais le beau mérite qu'avaient Achille et Ajax à faire des choses surhumaines ! L'un, plongé dans l'eau du Styx, n'était vulnérable qu'au talon ; l'autre ne portait dans les combats qu'une mince cuirasse faite de sept peaux de taureau entremêlées de sept lames d'airain. S'il est impardonnable de se vanter de ses talents (chose acquise par le travail), combien à plus forte raison il est déplacé de se prévaloir de sa force physique (chose donnée par la nature) ?

Tu devines déjà, avec ta malice de sorcier, que cette sortie s'adresse à quelques Hercules de notre troupe, qui

s'enorgueillissent outre mesure de leur peu de fatigue et
nous taquinent à propos de la nôtre. Je leur fais mon com-
pliment sincère sur leur robuste complexion. Seulement
j'ajoute que les plus grands généraux n'étaient pas les plus
gros, et que la victoire s'est souvent laissée remporter par
des hommes de mince stature.

Magnus Alexander corpore parvus erat.

Par compensation, Napoléon (qui n'était pas un géant,
lui,) estimait beaucoup les gens gros, grands, forts, bêtes ;
mais à nous autres, qui n'avons pas de batailles à gagner,
il est permis de ne pas avoir la même préférence.

J'ai donc un jour de congé, cher Edmond, et j'en profite
pour continuer la relation de mon voyage, puisque tu me
l'as demandée avec de si aimables instances.

A l'extrémité du pont de la Concorde se trouve l'ancienne
chambre des députés, jugée avec raison trop exiguë pour
nos représentants et leurs vastes travaux. Aussi, dans les
cours et les jardins de l'ancien palais Bourbon, derrière
l'hôtel en construction pour le président, on voit, ou plutôt
on ne voit pas, un système d'édifice sans style, sans forme,
amas de planches et de plâtre ; deux statues, peintes en gri-
saille sur les murs extérieurs, vous avertissent que ce n'est
pas un hangar. Si vous en doutiez, un formidable déploie-
ment de forces militaires encombrant les cours, campant
sous les arbres, couchant dans les couloirs, dragons, saint-
cyriens, gardes nationaux, infanterie, gardes républicains,
fixeraient votre opinion, tandis qu'un obusier sur son affût,
accroupi comme un sphynx en face de la porte, juste derrière la lourde statue de la République par Feuchère, vous
donnerait l'énigme du 15 mai, proposée par Barbès et ex-
pliquée à coups de canon le 24 juin.

Après deux heures d'attente par une chaleur tropicale,
nous vîmes enfin commencer la séance. Sauvegardé par
mon uniforme, je m'élançai dans un affreux escalier de
bois craquant sous mes pieds, et un huissier m'introduisit
dans une tribune. La première chose qui frappe en entrant,

c'est malheureux à dire, eh bien ! c'est la ressemblance de
la salle avec une loge d'arlequin. Le plafond, de papier
peint, décollé en maint endroit, montre la toile de son
chassis ; les galeries sont nues, étroites et écrasées ; la chaleur y monte, mais les paroles n'y montent pas avec elle ;
je ne sais quel nom donner à l'estrade surmontée d'un baldaquin acoustique où siégent le président et ses secrétaires ;
quant à la tribune, placée elle-même sous ce baldaquin,
je ne vois que l'escabeau d'un élégant commissaire-priseur
qui puisse en donner une juste idée. Point de dorures,
point de statues ; seulement, sur un fond blanc rechampi
en rouge, des trophées de drapeaux dont l'immobilité
désespérante ferait croire qu'ils sont en carton.

Où étiez-vous donc, Sechan, Diéterle et Desplechin,
vous dont les brosses féeriques ont peint des fresques ri-
vales de celles de Versailles ? Où étiez-vous donc, Klagmann,
Pradier et vous Clésinger, dont le vigoureux talent rappelle
Michel-Ange, en restant toujours original ? N'était-ce pas à
vous d'orner de vos chefs-d'œuvre un palais qui devrait être
le plus beau de France et d'Europe ?

Je sais bien qu'on parle d'approprier les Tuileries ou
l'ancienne chambre des députés aux séances de l'assemblée
nationale. L'un et l'autre projet devraient être repoussés à
cause des souvenirs qui s'y rattachent ; aux Tuileries ont
siégé Robespierre et Marat ; quant à la chambre des députés, elle a le tort d'avoir été le théâtre naguère du second
acte de cette comédie de la peur, commencée au 18 bru-
maire dans l'Orangerie de Versailles, et terminée, du moins
je l'espère, le 24 février.

Pourquoi, d'ailleurs, la République ne se construirait-
elle pas un monument nouveau comme elle ? Le lieu où la
France se résume, se concentre en ses représentants, ne
doit-il pas être entouré du prestige qui consacre la souveraineté ? Les masses sont toujours éprises du grandiose et
du beau. Quand elles admirent, elles se soumettent ; quand
elles méprisent, elles se révoltent. Il faut être digne encore
plus que fort pour gouverner la France. Nous ne sommes
pas un peuple d'esclaves ou de mendiants. Si le pouvoir ne

se montre pas à la hauteur de notre grande et belle nation ; s'il reste au-dessous d'elle , *Caveant consules.*

Quoi ! le règne de nous tous , la souveraineté du peuple, la consécration du sens commun, la réalisation, autant qu'il est possible sur terre, *du vrai, du beau, du bien*, la République, en un mot, consentira-t-elle donc devant la postérité à paraître inférieure aux différentes races de rois, qui toutes ont laissé des monuments à la France : Charlemagne, Notre-Dame ; Philippe-Auguste et François Ier, le Louvre ; Marie de Médicis, le Luxembourg ; Louis XIV, les Invalides et les Tuileries ; Louis XV, Sainte-Geneviève ; Napoléon, la colonne Vendôme, l'Arc-de-Triomphe. La première république est tombée parce qu'elle avait fait trop de ruines ; nous , qui venons de la relever, nous avons foi en elle, nous avons confiance en nous. Nous savons ce que nous valons, ce que nous sommes, ce que nous pouvons être, que nos gouvernants y songent, s'ils humilient la France....... Guizot sait écrire l'histoire.

Je crois, mon cher, qu'il ne serait pas avantageux à nos représentants que la France entière assistât à leurs séances. Te rappelles-tu ce petit tableau de Decamps que nous avons admiré ensemble : la *Sortie d'une école turque ?* Comme la foule des écoliers semblait bruyante , comme elle grondait, mugissait, hurlait, trépignait, piétinait ! Eh bien ! j'ai cru revoir ce tableau depuis la tribune ; c'était la même cohue assourdissante, moins les proportions et la charmante couleur. Tu as jeté quelquefois une pierre dans un étang ? Eh bien ! les grenouilles qui sautent, qui fuient, qui croassent toutes à la fois, te donnent l'idée de l'effet produit à la chambre par une proposition tant soit peu importante. C'est alors un tintamarre indicible, un bourdonnement d'abeilles en fureur, des cris inarticulés, un tapage continuel de couteaux à papier frappant sur les pupitres. La seule chose qu'on entende ce sont ces cris : *Plus haut ! On n'entend pas !* C'est à peine si la sonnette du président, qui retentit aussi souvent et aussi fort que celle d'un taureau suisse dans un pâturage, peut amener un quart-

d'heure de silence. La séance en était là ; les propos de-
venaient aigres, les têtes s'échauffaient, la discussion s'en-
venimait, tous parlaient ensemble, c'était une vraie scène
du forum, quand mon brigadier vint m'avertir que l'heure
de ma faction dans la salle des Pas-Perdus était arrivée.
Je le suivis à mon grand regret.

Cette salle est réellement belle ; c'est te dire qu'elle n'est
pas nouvelle. Le pavé est en marbre, le plafond orné de
fresques de bon style ; aux extrémités, deux statues de
bronze, sur des socles de marbre, n'ont d'autre tort que de
n'être aucunement parlementaires ; mais je t'avoue que
mon attention fut bientôt trop absorbée par les personnes
pour bien apprécier les choses. Là sont admis les sollici-
teurs ; juge, par ce seul mot, si la salle est remplie. Des
fashionables, des paltoquets, des dames, des officiers, at-
tendent, circulent, se groupent, se dispersent ; joins à
cela la foule des curieux et des bavards, et le tableau sera
complet.

Etant sous les armes, je ne pouvais pas ouvertement
prendre part aux conversations ; mais j'écoutais de toutes
mes oreilles.

Même il m'est arrivé quelquefois de croquer la consigne
et d'adresser par-ci par-là quelques questions aux causeurs.
Quelle charmante découverte que le point d'interrogation !
Rien n'est plus amusant que de soutirer, à l'aide de ce petit
signe crochu et indiscret, à celui-ci, son expérience ; à celui-
là, une anecdote ; à cet autre, un renseignement, fardeau
dont chaque bavard désire ardemment se débarrasser.

Et les bavards partout sont en majorité. Je voyais passer l'un après l'autre bon nombre de représentants. Quels
accents ! quelles tournures ! quels gestes ! quels costumes ! Le
par-dessus le plus écourté à côté de l'interminable redingote à la propriétaire ; un chapeau de feutre pointu saluait
un chapeau de berger aux larges bords ; c'était à se croire
dans les Abruzzes ou sur les bords du tendre Lignon. On
était tout étonné de ne pas entendre le citoyen Fra-Diavolo
appeler par son nom le citoyen Alcidamure. Cependant,
mon cher, ne va pas t'imaginer que tous les représentants

offrent un aspect aussi excentrique. Non. Ils n'ont pas tous
un cigare à la bouche ou une chique dans la joue ; et je
dois te signaler, pour l'honneur du bon goût français, des
jeunes gens du meilleur air et de la toilette la plus soignée,
et des hommes plus âgés mis de la manière la plus convena-
ble. Mais ces derniers, au lieu d'obscurcir le triomphe
des premiers, ne servent qu'à les faire ressortir davantage ; ils sont comme les ombres du tableau qui mettent en
relief les principaux personnages.

Après avoir ainsi fait mes petites observations, je m'ap-
prochai d'un groupe où un causeur dépeignait à ses voisins
tous les représentants qui traversaient la salle. — « Voilà
Cédar, disait-il ; le malheureux ! comme il semble regretter
ses ailes ; qu'il est pâle, qu'il est amaigri ; ses cheveux en
ont blanchi. — Il y a bien de quoi. — Sa chute est plus
profonde que celle de son ange. — Quelle position il a per-
due par une faute ! — Oui, par une mésalliance qui n'est
pas cependant un mariage de la main gauche, — mais une
poignée de main donnée à gauche. La révolution de février
l'avait jeté d'un bond au faîte du pouvoir, où il était à la
fois l'idole de la France et l'espoir de tous les gens de bien.
Qu'y a-t-il montré ? Une impuissance absolue comme
homme d'état ; rien de sûr, rien de fixe, rien de grand,
une ostentation verbeuse de courage, une inintelligence
complète de l'esprit du pays ; il a voulu tout concilier, tout
accommoder ; il a cherché la solution d'un problème plus
difficile à résoudre que la quadrature du cercle, plus impossible à trouver que la pierre philosophale ; encore, la
pierre philosophale doit-elle tout changer en or ; son
problème, à lui, aurait changé tout en boue ; il a voulu
allier le juste et l'injuste, la violence et la faiblesse. Il appelait cela conspirer, comme le paratonnerre conspire avec le
nuage. Dieu nous garde du paratonnerre qui n'a pas pré-
servé Paris des sanglants orages de juin. »

Bien ! pensais-je en moi-même, voilà un éloge qui, s'il
est vrai, du moins n'est pas fade.

Alors un des auditeurs désigna à celui qui venait de parler un autre représentant qui passait.

2*

La description que j'en entendis faire était le vrai portrait du Giton de La Bruyère, que nous avons apprise au collége. Je la sais encore par cœur : « Il a le teint frais, le » visage plein, les joues un peu pendantes, l'œil fixe et as- » suré, parlant avec confiance, faisant répéter celui qu'il » entretient, l'air enjoué, impatient, libertin, présomp- » tueux, colère. » Je croyais que la citation serait terminée par la fameuse phrase : IL EST RICHE. Point du tout, mon cher, le narrateur finit en disant quelques mots très bas, puis il ajouta plus haut : « Les débiteurs s'occupent de former une société en commandite pour lui élever une statue sur l'emplacement de Clichy, avec cette inscription : *A celui qui abolit la contrainte par corps, la banqueroute reconnaissante.* »

— Quels sont donc ces deux hommes qui s'entretiennent là-bas si chaleureusement ? demanda un nouvel interlocuteur.

— Quoi ! vous ne les connaissez pas ? Mais d'où venez-vous donc ? Cette petite figure, tracassière et tapageuse, remuante et glapissante, c'est l'inventeur de l'uniformité des salaires, le protomoteur des ateliers nationaux, Louis l'Égalité, qui parla si bien et dîna encore mieux pendant trois bons mois au Luxembourg ; c'est le joli nain au tabouret, dont on a tant admiré les gambades au 15 mai. On paierait bien cher encore pour le voir, s'il n'avait pas fait tant de mauvais tours.

Quant à l'autre, celui à la crinière inculte et blondasse, à la mine camarde et sensuelle, brutal logicien du matérialisme, c'est le néo-dieu ou plutôt l'athée de la chambre. Écrivain dangereux, s'il n'était ridicule ; qui s'enivre de sa pensée au point d'en perdre la raison ; insaisissable dans une discussion, parce qu'il fuit toujours dans les dédales de la phraséologie ; le cynisme est sa nature, et le paradoxe sa méthode. Ce monomane rationaliste est étouffé par sa propre argumentation comme Laocoon par les serpents ; s'il argumente sans cesse, c'est qu'il est toujours dans le faux. La vérité n'a pas besoin de tant de subtilités et d'ergoteries. Il essaie de soulever le monde ; mais, bien plus encore qu'à

Archimède, il lui manque une importante chose, un point
d'appui. Pour trouver ce point d'appui, il s'attaque à la
fois au ciel et à la terre. Selon lui, la propriété est le vol, et
Dieu n'est qu'un fantôme inventé par la peur. Supprimez
ces importunes choses, tout ira bien. — D'accord. Mais la
tâche est difficile. Voilà six mille ans que le divin fantôme
se montre partout, et voilà six mille ans aussi qu'on achète,
qu'on vend, qu'on travaille, sans se douter le moins du
monde qu'on commet un vol. L'impudent sophiste ne voit
donc pas qu'une accusation ainsi formulée prouve Dieu et
confirme la propriété. Il a beau s'enorgueillir de sa science :
le savant qui ne sent pas le lien qui rattache l'homme à
Dieu et Dieu à l'homme, n'est qu'une taupe aveugle et inu-
tile fouillant vainement dans une tombe. L'esprit tendu vers
une idée unique, il marche, poussé par une force plus
bouillante que la vapeur ; il marche vers un puits sans fond,
et sa verve fougueuse, et son audace imperturbable, ses
menaces ironiques, son érudite dialectique, ne le préser-
veront pas de la culbute de l'astrologue. Mais avant ce
temps-là, il aura créé un monde ; il nous le promet, du
moins, et nous le laissons bien volontiers se livrer à cette
occupation philanthropico-chimique, à ce plaisir tout divin.
Que son monde lui soit léger !

Je ne veux pas cependant, cher Edmond, te raconter mot
à mot tout ce que j'ai entendu dans cette salle des Pas-Perdus en montant ma garde ; tu me trouverais prolixe et peut-
être assommant, et pourtant j'ai vu le grand culotteur de
pipes dont les idées sociales se sont révélées jadis par une
casquette tricolore et une cravate rouge ; j'ai vu les clu-
bistes les plus marquants, montagnards jusqu'à la guillotine
inclusivement ; j'ai vu des faiseurs d'épigrammes, des cro-
que-morts officiels du sens commun ; j'ai vu la peur et
l'égoïsme mal déguisés sous un habit noir ; j'ai vu des gen
qui ne sont ni républicains ni monarchiques ; leur politique
vague et expectante ne les compromet pas ; ils se tiennent
prêts à enfourcher le dada populaire pour arriver au pouvoir dès que l'occasion s'en présentera ; ils n'admettent
qu'une seule espèce de gouvernement, le leur ; ils veulent

que l'état soit propriétaire , mais qu'eux-mêmes soient l'état.

Qu'ils demeurent en repos , nous ne nous en sommes déjà que trop occupé ; parlons des hommes qui nous intéressent.

Oui , mon cher, je le dis sans modestie , si tous les départements eussent fourni des représentants comme ceux de la Franche-Comté, la critique n'aurait guère à s'exercer sur l'assemblée, et la lettre que je viens de t'écrire n'existerait pas. Je n'ai pas la prétention que notre pays n'ait fait envoler que des aigles vers Paris ; mais , je le répète , tous nos mandataires se distinguent : les uns par le cœur, les autres par l'intelligence ; celui-là par ses études, celui-ci par son dévouement, cet autre par sa délicatesse et son inflexible probité : Vallette , le savant légiste ; Huot, l'avocat de toute noble cause ; le vénérable Angard, le populaire Grammont, Mauvais, Tanchard ; Montalembert, l'éloquent orateur de l'équité et de la liberté ; Bixio, le courageux défenseur de l'ordre dans le progrès ; Convers, le loyal républicain de la veille ; le brave Baraguay-d'Hilliers, habile tacticien à la chambre comme à la guerre ; j'ai vu aussi Demesmay, notre laborieux ami, et notre spirituel compatriote Considérant, voués tous deux à la noble tâche d'améliorer le sort des travailleurs. Ils réussiront, je l'espère : le cœur, l'esprit et la science ne leur manquent pas.

Mais je te quitte, mon cher ; je t'en ai dit assez assez pour une fois ; tu pourrais croire que je veux faire concurrence à la publication des *Profils critiques et biographiques des neuf cents représentants. Neuf cents* , et pourquoi pas *mille et trois*, comme les maîtresses de Don Juan ? La France n'est-elle pas assez riche aujourd'hui pour avoir aussi mille et trois amants.

SEPTIÈME LETTRE.

Mon cher, je suis encore profondément ému de ma journée d'hier. Jeudi, six juillet, Paris a été témoin d'un
spectacle auquel il n'est guère accoutumé; Paris, qui ne
voit plus de processions depuis long-temps, par ordre de
la police, mais qui, en revanche, a des files de masques
pendant tout l'hiver et des émeutes pendant tout l'été;
Paris a vu dans ses rues et sur ses places le spectacle impo-
sant d'une grande douleur, où la religion et la patrie con-
fondaient leurs larmes et s'embrassaient pour se consoler :
c'était le service funèbre des victimes tombées naguère en
défendant la société contre la barbarie.

Sous une magnifique coupole orientale, surmontée d'une
croix et soutenue par quatre colonnes corinthiennes, s'élevait un autel; un escalier de vingt mètres de hauteur y conduisait et semblait être les premiers échelons pour monter
au ciel. Les façades de l'ancienne chambre des députés et de
la Madeleine étaient tendues de draperies de deuil; dès
neuf heures du matin, malgré la chaleur la plus vive, les
terrasses des Tuileries et les deux galeries du ministère de
la Marine et du Garde-Meuble étaient couvertes d'une foule
innombrable, plus recueillie que curieuse de voir passer le
général Cavaignac et les représentants. Tout autour de
nous, nous n'apercevions, pendant un très long espace,
qu'une forêt de schakos, de képis, de casques, de baïon-
nettes et de sabres étincelants au soleil, au milieu d'une
confusion grandiose de tous les uniformes; c'était un coup
d'œil magnifique. Mais les bouquets d'immortelles noires
placés au bout des fusils, les crêpes attachés aux bras, à
la poignée des sabres, et voilant les tambours, ne rappe-
laient que trop des souvenirs saignants encore.

Assisté des évêques d'Orléans et de Quimper, l'évêque de

Langres avait commencé l'office divin, qui, chanté en faux-bourdon, sans accompagnement d'instruments, par une masse chorale de 800 voix, donnait l'idée exacte des funé-railles chrétiennes des martyrs dans les catacombes.

Je laisse aux peintres le soin de représenter fidèlement ce clergé vêtu de blanc, cet autel en deuil ; ce char immense couvert de tentures noires aux crépines d'argent, constellé de couronnes d'immortelles, et traîné par 16 chevaux ri-chement caparaçonnés ; ce peuple abattu, cette armée re-cueillie ; ces gardes nationaux mornes et attendris, ces trois pontifes représentants du peuple priant entre le ciel et la terre : jamais, dans leurs cathédrales, entourés de la pompe du culte, revêtus de leurs habits sacerdotaux étincelants d'or et de pierreries, jamais ils n'avaient paru si grands, si dignes de porter nos plaintes et nos prières à Dieu.

Leur silence même, planant sur cette assemblée muette, parlait aussi éloquemment d'espérance et d'immortalité qu'une oraison funèbre de Fléchier ou de Bossuet. Fran-chement, si cette solennité était l'apothéose du citoyen, elle était aussi le triomphe de la religion. Oui, la religion seule était capable d'agrandir assez les cœurs pour qu'ils pussent contenir des soupirs et des regrets égaux au nombre des morts que la France avait à honorer. Que l'on ose en-core comparer cette fête lugubre, et cependant consolante, avec celle où l'amant constant et fidèle de la guillotine, le bucolique avocat d'Arras, en habit bleu-barbeau, tiré à quatre épingles, la boutonnière fleurie, conduisait par la main, à l'autel du *ci-devant* dieu qu'il appelait l'*Etre-Suprême*, sa déesse de la Raison, bacchante barbouillée de sang. C'est que, mon cher, lorsque l'on ôte les croyances, le sentiment moral, tout ce qui dégage l'âme des sens, ce qui l'élève au-dessus du corps, l'homme n'est plus qu'une sorte de cadavre qui pense et qui joue la comédie dans le vide.

A midi le service était terminé ; la foule se retira émue et pensive : elle comprenait que, sous ce symbolique lin-ceuil que le temps lèvera un jour, sommeillaient douce-m ent des héros et des martyrs.

Nous eûmes congé le reste de la journée. Nous en pro-

fîtâmes pour aller visiter le faubourg Saint-Antoine, pro-
menade mal choisie pour nous distraire. A peine fûmes-
nous entrés que notre tristesse augmenta : à voir ces
petites rues au sol inégal, dont les pavés arrachés aux barricades ballottaient encore sous les pieds, ces bazars dévas-
tés, ces boutiques chétives, ces enseignes détachées, pendantes sur les murs, ces carrefours où la hauteur des
maisons achève d'ôter un reste de lumière, ces façades
croulantes ou démolies, criblées de balles, trouées par des
boulets, on se demandait si on n'était pas au milieu d'une
ville saccagée et prise d'assaut. Ce quartier, jadis si animé,
semble plongé dans la stupeur ou peut-être dans le re-
mords. On n'y aperçoit, glissant dans l'ombre, que quelques ouvriers à l'œil morne. Les femmes elles-mêmes ont
l'air si féroce et si hagard qu'on doute si elles ne sont
pas les complices des insurgés. Mais c'est surtout sur la
place Baudoyer, en remontant la rue Saint-Antoine, que
les regards sont douloureusement frappés. L'angle de la
rue Casse-Tête (admire l'à-propos de ce nom !) n'offre plus
que des décombres. Tous les acacias à l'entrée de la rue
Saint-Antoine, près de la place de la Bastille, ont été
coupés par les boulets. La maison de la Petite-Jardinière
a été incendiée par des obus; çà et là des pans de murs
écroulés laissent apercevoir l'intérieur d'appartements déserts. J'ai vu encore sur une cheminée une glace intacte,
et sur la tablette un verre et une bouteille; un peu plus
loin, sur une fenêtre aux vitres brisées, un malheureux
pot de fleurs avait survécu sans doute à ses possesseurs.

L'aspect de tout ce que je te raconte là, mon cher,
inspire une mélancolie qui va presque au découragement.
Les ruines que fait le temps embellissent toujours la nature; elle y fait contraster sans interruption la vie avec
la mort, la mort avec la vie; sur les vieilles murailles
croulantes de la chaumière, elle jette à pleines mains les
gerbes dorées de l'odorante giroflée; à la tour féodale
elle attache les guirlandes de lierre avec le même soin
qu'une amante attachait une écharpe au bras de son che-
valier; sous les arceaux solitaires d'un monastère détruit,

les oiseaux abritent leurs nids et chantent encore les louanges du Créateur.

Mais les ruines que font les hommes sont bien diffé- rentes : elles portent la double empreinte de la fatalité et du néant ; rien n'y parle de vie et d'espérance ; c'est la dévastation dans son effroyable nudité ; c'est le squelette de la Mort dans toute son horreur.

Nous saluâmes tous en passant la place de la barricade où fut tué l'archevêque de Paris, lieu maintenant aussi beau pour la France que les Thermopyles pour la Grèce. J'ai ce matin assisté aux funérailles de ce grand homme, j'en ai le cœur tout rempli.

La façade de Notre-Dame était recouverte de longues tentures de velours noir sur lesquelles était écrit en let- tres d'argent ce verset de l'Evangile : *Le bon pasteur donne sa vie pour ses brebis.* La vaste nef de Notre-Dame était jonchée de peuple. Il est impossible de te rendre l'impression éprouvée lorsque parut sous le parvis le corps du saint prélat, porté par des gardes nationaux sur son lit de velours violet. Quatre évêques en mître blan- che, des milliers de prêtres et de séminaristes en surplis et en rochet ; des bannières de velours noir avec l'inscrip- tion que je t'ai déjà citée, et les dernières paroles de l'archevêque : *Puisse mon sang être le dernier versé ! — Seigneur, Seigneur, ayez pitié de votre peuple !* des croix et des drapeaux voilés de crêpe, des repré- sentants, des jeunes filles vêtues de blanc, des officiers, des soldats de toutes armes ; tout cela, mon cher, formait un convoi sans exemple dans nos souvenirs ; il nous ra- menait à ces temps où un roi, un fils de France, Phi- lippe-le-Hardi, rapportait d'Afrique, sur ses épaules, le corps de son père, saint Louis. Un étranger qui n'aurait rien su de nos derniers malheurs, en voyant ce peuple, ces prêtres, ces soldats, ces gardes nationaux, ces jeunes filles en larmes, n'aurait jamais pu deviner si c'était un père, un prêtre, un soldat, un citoyen que tous pleu- raient à la fois.

Après cinq absoutes, au glas funèbre et répété du bour-

don de Notre-Dame, le corps de Mgr. Denis Affre fut des-
cendu par des gardes mobiles dans les caveaux de la cathé-
drale. Son immortalité avait commencé.....

On ne doute pas que sa statue n'occupe bientôt sa place
à Notre-Dame ; mais il semble que ce n'est pas encore assez.
A une autre place non moins sacrée, à la place où il fut
frappé traîtreusement, lorsque pontife et citoyen il se jetait
au milieu des combattants seulement armé de paroles de
paix, il faut un monument expiatoire ; il faut que l'on grave
sur la pierre son nom et son dernier vœu : *Puisse mon sang
être le dernier versé!* Nobles et sublimes paroles, que nul
ne pourra lire sans être ému! Cette simplicité, cette douceur
d'âme, cette résignation, ce dévouement, nous ne les trou-
verons donc que dans les héros chrétiens?

Tu sais, mon cher, combien je suis partisan du progrès ;
avec quel bonheur nous voyions ensemble constater la
marche ascendante de l'humanité ; comme nous interro-
gions l'histoire pour y découvrir ses glorieuses destinées ;
comme nous tressaillions de joie à la conquête de chacun de
ses droits : *droit de propriété*, *droit d'égalité*, *droit surtout de liberté* ; — mais, la main sur la conscience, devant
Dieu et devant les hommes, sans nous laisser éblouir par la
fulguration de ces victoires, ne crains-tu pas comme moi,
Edmond, que dans son enivrement l'humanité n'oublie que
le *droit* implique le *devoir?* Dans cet affranchissement, la
force morale n'a pas augmenté, au contraire, et le fatalisme
des idées semble grandir sur des ruines et se substituer au
vieux fatalisme des climats et des races.

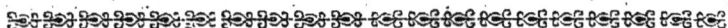

HUITIÈME LETTRE.

Une fois hors de l'église, je marchai long-temps absorbé par les réflexions que je viens de t'écrire et par d'autres encore. Enfin la fatigue me fit monter à tout hasard dans un cabriolet. Je dis au cocher : Allez devant vous, et je continuai à rêver. Lorsque je mis le nez à la portière, je reconnus le faubourg du Roule, puis le parc de Monceaux. Je criai : Arrêtez! Ce que tu ne sais pas, mon cher, c'est que cette charmante propriété, avant de faire partie des domaines de la maison d'Orléans, avait appartenu aux Grimod de la Reynière. Les excentricités gastronomiques de leur dernier descendant attestent autant les progrès de l'esprit humain que l'histoire universelle d'Herder. Grimod de la Reynière, ce nom seul fait exhaler autour de moi un délicieux fumet culinaire. Je m'y précipite tête baissée; je plonge sous un siècle et demi, je vois toujours Paris, mais Paris sous le règne de Louis XV, le bien aimant encore plus que le bien-aimé.

Il est tard; — le régent, prince spirituel et digne d'avoir des amis, veut bien me protéger. Un de ses gentilhommes m'a remis de sa part une invitation à un petit souper à Monceaux; mais comme je n'ai ni carrosse à glace, ni cheval de selle, ni même une chaise-à-porteur en velours orange, je vais tout simplement à pied sur la pointe de l'escarpin. Il bruine, et pour toute lanterne, la lune se balance dans un ciel blafard; je ne puis distinguer les rares pavés, qui semblent des îlots au milieu des flaques d'eau; mon haut-de-chausses de satin et les faveurs de mes souliers courent de grands dangers, ma tire-lire de poète redoute le moindre accroc de la part des truands qui battent le pavé. Enfin, devant l'Oratoire, j'aperçois deux porteurs de chaises; je les loue; ils allument leurs torches, me voilà emboîté comme un saint dans sa niche, et sans rencontre fâcheuse j'entre dans le parc de Monceaux.

La façade noire du pavillon de Belair se dessine devant moi à la lueur des flambeaux; les larges croisées sont teintes d'un reflet rougeâtre qui trahit les lumières des antichambres; je frappe à la porte cintrée avec un énorme marteau sculpté; — c'était mon droit. Un huissier vient m'ouvrir; je franchis une première antichambre, où je laisse mon manteau humide; me voilà dans la seconde, entre une haie de valets en livrée, impudents coquins qui me toisent comme *une espèce;* tous ont l'air de ne pas me trouver assez grand seigneur. Enfin, au bout d'une galerie ornée de lustres et de bancs en bois adossés à la muraille, est une porte fermée. Je gratte : là il n'est plus permis de frapper, mais seulement de gratter; je soulève une portière, je suis dans la salle de réception.

Le prince s'y trouve au milieu d'une foule de jeunes chevaliers généralement beaux garçons, le jarret tendu, la tête haute, le nez au vent, portant l'épée verticale, joueurs, libertins, tapageurs; des savants, des artistes, des officiers imberbes, espoir et fleur de l'armée, rivalisent tous avec les favoris des muses pour débiter des madrigaux à des dames plus ou moins célèbres, depuis la *Souris* jusqu'à la *Guimard,* coriphées de l'Opéra dont les grâces remplacent les parchemins. La conversation n'est plus une lecture, comme au temps de Louis XIV; on ne récite plus un premier sermon, une première fable, une première satire. C'est un bouquet d'artifice continuel, étincelles éblouissantes que font jaillir, comme des machines électriques, l'esprit, la pensée, la beauté; c'était, pour ainsi dire, le lit de justice de la littérature et de la philosophie. Au milieu de ces parfums, de cette poudre à la maréchale, toutes deux ont perdu l'odeur monacale de la vieille école et pris les bonnes manières des talons rouges. Je commence mes révérences; je penche la tête et j'incline le corps, tantôt à droite, tantôt à gauche; je me dandine selon l'usage des petits-maîtres, jusqu'à ce que je sois arrivé auprès de Son Altesse. Sur la fin d'une charmante

anecdote, l'heure du souper arrive; on passe dans la salle
à manger. Elle est chaude et splendidement éclairée; les
bougies roses du lustre luttent de rayons avec les bougies
roses des torchères; je vois devant moi, sur une nappe de
Hollande, des mets de toute sorte, si décorés, si déguisés, que les yeux restent indécis; l'odorat seul ne s'y
trompe pas. J'allais porter à ma bouche un savoureux morceau de Turbot, aussi frais que sur les bords de l'Océan,
quand je me sentis heurter tout à coup. Je regardai avec
effroi : mon cher, mon rêve fantastique était fini. Je voyais
un homme du dix-neuvième siècle, qui me parlait depuis
une minute d'ateliers nationaux. Le régent était mort,
mais le citoyen Emile Thomas vit encore.

Que voulez-vous? dis-je à l'inconnu d'une voix effarée.

— Citoyen, me répondit-il, vous regardez comme moi
le parc de Monceaux?

Fixant alors mon interlocuteur, à travers sa barbe sinistrement longue, je lui trouvai la mine piteuse d'un
Adam chassé du paradis terrestre.

— Vous êtes sans doute dans la même position que moi,
citoyen?

A ma grande confusion, mon cher Edmond, la redingote
que j'avais empruntée à un de mes amis, pour ne pas flâner
en uniforme, permettait cette affreuse supposition.

Un grognement inintelligible fut ma seule réponse.

— C'est là qu'étaient, reprit-il, les bureaux des ateliers
nationaux. Quelle belle institution ! Ça enfonçait du même
coup les *crèches*, *les salles d'asile et les écoles des arts et
métiers*. Cent mille citoyens vivaient là sans rien faire.

—Sans rien faire?

— C'est-à-dire que, moyennant quarante sous par jour,
ils fumaient pour se désennuyer, et plantaient des arbres
de liberté quand ils voulaient prendre un peu d'exercice.
N'est-ce pas, citoyen, c'était la terre promise ?

— Oui, mon ami; mais promettre est un, et tenir,
c'est deux.

— Vous avez trop raison. Aussi, jugez de mon malheur.
Je quitte mon gueux de pays, où il faut encore travailler

pour vivre ; j'accours à Paris, je veux partager le bonheur de mes frères. Quand j'arrive, Emile Thomas revenait de la Sologne, et les ateliers nationaux étaient dissous ; la réaction avait triomphé. — Chienne de réaction, va ! Faut-il que j'aie peu de chance ! — Maintenant que faire ? J'ai beau tourner autour de ce parc, je meurs de faim et le pays est loin.

La naïveté de ce malheureux me toucha. Je cherchai dans ma bourse ; je t'avoue que je n'y trouvai pas grand'chose ; mais enfin je la vidai entre les mains de cette pauvre dupe.

Se peut-il, mon ami, que des hommes, à l'époque éclairée où nous vivons, aient eu foi en de semblables absurdités ? O crédulité ! ô vieille enfance de la raison ! Se peut-il qu'il y ait eu des gens capables d'essayer de guérir la misère par de tels moyens ? Autrefois on disait justement : A chacun *selon ses œuvres* ; » on n'a pas eu honte de dire aujourd'hui : « A chacun *selon ses besoins*. » Confondre le bonheur avec la richesse dans l'esprit du peuple, c'est le corrompre, le dégrader et le tromper ; c'est ajouter l'envie à ses souffrances ; c'est lui donner les angoisses de la faim de l'impossible, matérialisme abject, qui ravale l'homme au niveau de la brute ; c'est faire d'une question de morale et d'intelligence une question de grossiers appétits. Mais ces gens-là, du moins, se sont montrés conséquents avec eux-mêmes : en proposant leur système *égalitaire*, et la *répartition uniforme* des salaires, ils décapitaient à la fois la pensée, les arts, la poésie et la science. Quand le travail n'aura pour fin immédiate que de nourrir, vêtir, abriter l'homme matériel, ce sera la tyrannie de Méhémet-Ali ; ce sera pis encore : l'humanité sera mise au bagne. Sans doute il y a des philanthropes de bonne foi, qui veulent sincèrement la régénération de l'humanité. Mais quel dangereux chemin ils prennent pour arriver à ce but si désirable ! Ils détruisent avant de construire, et si de long-temps ils ne peuvent rien édifier, que deviendrons-nous en attendant ? Pourquoi dire au pauvre, que le christianisme relevait et consolait : « Tu comptes sur une autre vie ? Il n'y a point d'autre vie. Tu t'imagines que les anges recueillent tes larmes pour les changer en joies dans le ciel? Il n'y a pas de ciel. Tu crois enfin que Dieu compte tes vertus comme il compte les crimes de tes oppresseurs? Il n'y a pas de Dieu. »

Comment veulent-ils que le pauvre, n'espérant plus qu'en ses deux bras, et se voyant si inégalement partagé dans ce monde, ne s'écrie pas : Puisque le ciel est vide, à moi la terre ! Les déplorables journées de juin n'ont pas besoin d'autres commentaires. O philanthropes, quelle lourde responsabilité pèse sur vous! que le sang versé ne retombe pas sur vos têtes !

Encore, s'il n'y avait que des philanthropes de bonne foi! mais tu le sais trop, mon cher, il en est de profession. Pour celui-là des plus zélés c'est un métier, c'est tout un petit commerce, où l'on s'associe, où l'on prend des actions, où l'on souscrit pour fonder des colonies transatlantiques; le philanthrope en prendra nécessairement la direction, afin d'en assurer le succès. On sème des prospectus, on écrit des volumes.

Croyez et venez en Icarie. Sur cette terre de la vraie liberté, tous les liens que la vieille société avait imposés à l'homme sous le nom hypocrite de morale, tomberont à jamais brisés; c'est là que sera réhabilitée la nature, qui depuis soixante siècles végète dans une servitude inique. Plus de mariage, plus de famille, ridicule imposture, contes à faire dormir debout; plus de devoir, mais des droits; biens et personnes, tout se fond, tout se mêle dans une indivisible communauté; la fiction de la conscience a fait place à la réalité de l'instinct, le genre humain est déniaisé. « Mais si l'homme emmaillotté dans » ses coutumes héréditaires refuse des bienfaits si généreu- » sement offerts, les scrupuleux, les incertains, les opi- » niâtres (c'est Lamennais qui parle), seront conduits au » pied d'un beau et haut gibet humanitaire; et là, avec cet » accent qu'inspire l'amour cosmopolite, la sainte ardeur » de la charité universelle envers le prochain, on leur » dira fraternellement et pathétiquement : SOYEZ HEUREUX » OU SOYEZ PENDUS. »

Se laissera-t on pendre ?

To be or not to be that is the question.

Voila la question, comme dit Hamlet.

Leibnitz avait bien raison ; on ne peut écrire : *Paix éternelle*, que sur la porte d'un cimetière. Il y aura toujours sur la terre lutte entre le bien et le mal, il y aura long-temps encore lutte entre le *travail* et *le capital*. Quelle en est la raison ? C'est que la lutte est la condition intime et nécessaire de l'activité et de la vie. C'est la loi du christianisme, loi qui ne cessera que par la réalisation des promesses de l'Evangile, lorsque, fusionnant toutes les classes, on arrivera à la *fraternité* par la sainteté de la famille, à la *liberté*, à l'*égalité*, par l'extension progressive de la propriété.

Qu'on ne croie pas hâter cet heureux dénoûment par des insurrections et des massacres. Ce n'est pas une épée ni la hache du bourreau qui déchireront le voile qui nous cache cette société parfaitement équitable, entrevue aujourd'hui par les yeux des rêves. Encore serait-il absurde de la rêver sans aucune douleur, si belle et si éloignée qu'elle soit au-delà de notre horizon.

Non, l'humanité ne tourne pas dans un cercle, elle monte une spirale indéfinie. Qui peut le nier ? Déjà le travail enrichit toutes les classes, sinon tous les individus ; il ouvre de larges voies à toutes les légitimes ambitions ; l'ouvrier est mieux logé, mieux vêtu, mieux nourri qu'il y a cinquante ans ; le paysan a acheté le champ labouré par ses pères sous un seigneur féodal ; le barreau, la magistrature, l'université, l'armée, sont remplis de prolétaires fils de leurs œuvres.

Cependant nous sommes loin d'être dans le meilleur des mondes. La France ne pouvait passer impunément de la servitude des jurandes à la liberté du travail. Les tempêtes industrielles ont éclaté le jour où est née la libre concurrence. Les populations obligées de vivre sur des volcans manufacturiers n'ont ni paix ni trève. Je sais qu'il suffit d'une seule législation inhumaine, d'un seul rabais, pour

amener des chômages effrayants. Mais, malgré ces dou-
loureux caractères, un observateur impartial doit reconnaître une grande transformation, qui sera puissamment
hâtée par l'encouragement de l'agriculture, la liberté orga-
nisée du commerce, et surtout le transport rapide, par les
chemins de fer, des ouvriers d'un point sur un autre.

Déjà les crèches et les asiles reçoivent les enfants des
pauvres ; des écoles gratuites sont ouvertes pour les ensei-
gner ; ils ne peuvent plus être ni une spéculation, ni une
charge pour leur famille. Avec l'ordre et la paix, la société
fera beaucoup plus encore. Dans l'état de crise où nous
sommes, des réformateurs impatients ont tort de crier :
Que n'organise-t-on le travail ! Ils ne savent donc point
que toutes les données du problème ne sont pas encore con-
nues. La science sociale se compose de trois termes qu'on
ne peut retrancher sans perturbation : *production*, *con-
sommation*, *répartition*. Lorsqu'on aura bien étudié, bien
établi les lois et les rapports de ces trois propositions entre
elles, LE TRAVAIL SERA ORGANISÉ. Dans une montre, ce qu'il
faut admirer d'abord, c'est la théorie des mouvements,
ensuite la précision des rouages. Oui, mon cher, « *Penser*
» *et agir, agir et penser*, voilà la mesure de toute sagesse
» enseignée et praticable, écrivait l'immortel Goëthe. L'ac-
» tion et la pensée sont inséparables comme la réponse
» et la question. Celui qui soumet l'action à l'épreuve de la
» pensée et la pensée à l'épreuve de l'action, celui-là ne se
» trompe jamais, ou s'il s'égare, il se retrouvera bientôt
» dans la bonne route, la route du sens commun. » Il est
vrai que les masses ont toujours assez de bon sens quand
les chefs n'en manquent pas.

Quand les croisés, enivrés par les chants des troubadours, quittaient l'Europe pour conquérir des empires, des
princesses, des paradis d'émeraudes et de saphirs, que trou-
vèrent-ils en arrivant ? La faim, la soif, le damas tranchant
des musulmans, le sable brûlant du désert, et souvent la
la peste et la mort. Ne crains-tu pas, Edmond, que nos uto-
pistes ne soient les troubadours de notre époque ? Prenons
garde que les fruits merveilleux qu'ils nous promettent ne

ressemblent à ces fruits perfides de la mer Morte : si beaux en apparence, dans la bouche ils ne sont que cendre.

Concluons :

La tentative trop hâtée et ridicule de l'*atelier national* a fini par l'absurde et la guerre civile. Néanmoins la France n'aurait pas payé trop cher une telle leçon si elle ne l'avait payée de son sang.

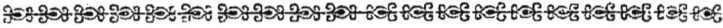

NEUVIÈME LETTRE.

Voilà, j'espère, un rhume bien employé. Mon ami, tu ne te plaindras plus de ma paresse. Tu tiens si fort à avoir de grandes lettres, que j'ai fait pour te plaire d'énormes détours. J'ai passé par les arts, les lettres, la philosophie. Rien n'est commode comme la philosophie pour allonger les choses, je te le dis pour ta gouverne. D'un autre côté, les réflexions morales ont cela de bon qu'elles prédisposent merveilleusement au sommeil. Toi, qui aimes tant à dormir, quelle reconnaissance tu me dois ! Mais je reviens à mon sujet. D'ailleurs, plus de patience, continue à me lire, et bientôt tu finiras par en savoir autant et peut-être plus que moi sur notre voyage.

Tandis que je bavardais avec toi, as-tu bien songé que mes camarades, n'ayant pas eu le bonheur d'être enrhumés, ont continué leur pénible service ? Je les ai rejoints hier matin à l'orangerie des Tuileries, notre nouveau quartier. Un certain nombre manquaient à l'appel, et les fidèles étaient, tu le conçois, de fort mauvaise humeur. L'élection des chefs a de grands avantages ; mais, comme il y a des inconvénients partout, peut-être ne donne-t-elle pas la fermeté nécessaire pour discipliner des soldats *électeurs*. Chacun se croit l'égal et quelquefois même le supérieur de son supérieur. Tout garde national semble éviter avec grand soin de paraître trop militaire ; il affecte des allures d'indépendance ; au moindre commandement, il a toujours l'air de répondre : « J'obéis parce que je le veux bien ; » la présence seule du danger peut lui inspirer la subordination. Je vois donc de mes yeux la vérité des reproches que tous les historiens ont faits aux volontaires de leur temps : troupe inappréciable pour un coup de main, sans égale pour l'assaut et les défenses désespérées, mais la plus mauvaise des

troupes dans les retraites ou l'inaction. Conviens, cher
Edmond, que si les plus grands capitaines n'ont jamais pu
parvenir à discipliner leurs volontaires, ce serait une exi-
gence trop forte d'attendre ce miracle de nos chefs. Sauf ces
petites irrégularités que l'œil d'un étranger n'apercevait
pas, nous sommes loin de déparer le poste qui nous est
confié, et l'instructeur le plus farouche n'aurait à nous
reprocher que trop d'amour pour la liberté.

Mais peut-on t'aimer trop, ô sainte liberté?

Le brave général Duvivier, dont la France pleure la
perte, a plutôt, lui aussi, instruit que discipliné les 15,000
courageux enfants de Paris, premier noyau de la garde
mobile; et cependant quels services n'ont-ils pas rendus?
Les Français d'aujourd'hui sont du même sang que les
Français d'autrefois. Tu te souviens que sous Charles VII,
les chevaliers et les gendarmes se moquaient de la première milice levée par paroisse, sous le nom de francs-
archers; on s'en égayait, on prétendait que rien au monde
n'était moins guerrier. Villon, dans une de ses meilleures
satires, les gouaille sous le titre du *Franc-Archer de
Bagnolet*, auquel il fait dire à l'aspect d'un homme
d'armes :

En l'honneur de la passion
De Dieu, que j'aie confession,
Car je me sens jà fort malade.

Mais tel qui riait d'abord, bientôt n'en eut plus envie.
Les francs-archers aidèrent puissamment l'armée à re-
prendre aux Anglais la Normandie et la Guyenne. Plus
tard ils devinrent l'armée régulière du roi, les légions vic-
torieuses de François Ier à Marignan; ils sauvèrent la monarchie de Louis XIV à Denain, celle de Louis XV à Fon-
tenoi, comme ils sauvèrent la République dans la forêt de
l'Argone, comme ils la sauveraient encore si la patrie était
en danger. La France se fie à la France en se confiant aux
gardes nationales, et la guerre est devenue enfin l'affaire
du peuple.

Nous applaudissons tous à la formation de la garde mobile. C'est la seule manière de réaliser l'institution si utile
de la garde nationale, qui, sous le dernier règne, n'était
qu'à l'état de fiction. Dans l'avenir, ce sera un moyen effi-
cace de diminuer l'effectif de l'armée, de décharger le tré-
sor et de rendre des bras à l'agriculture. Quelle puissante
ressource pour le gouvernement contre l'émeute, peu im-
porte le drapeau et le nom dont elle se pare! Quel appui
moral pour l'armée! L'envoi d'un bataillon mobile de ci-
toyens-soldats évitera ou légitimera l'emploi de la force.

Mais que le pouvoir ne s'y trompe pas; qu'il ménage
plutôt qu'il n'excite cet enthousiasme guerrier qui au premier appel a fait lever toutes les gardes nationales de
France; qu'il ne le sacrifie pas, qu'il ne le perde pas inutilement, cet enthousiasme, dans la funeste voie de la
guerre étrangère, au bout de laquelle il n'y a que deux dénoûments possibles : la défaite et l'invasion, la victoire et
le despotisme, l'un et l'autre la mort de la République.

En 92, quand le sol sacré de la patrie était envahi,
en 94, quand il fut de nouveau menacé, les volontaires
s'offrirent par milliers; mais du moment qu'il ne s'est plus
agi que de conquêtes, au lieu d'accepter des enrôlements
volontaires, il fallut imposer les requisitions forcées, et
nous ne le savons que trop, les dernières levées de l'empe-
reur, de l'Homme-Gloire, comme on l'appelait, furent les
premières causes de l'éclipse de son étoile. Aujourd'hui, la
France ne commettra   cette désastreuse méprise; elle
ne lancera pas au-delà des Alpes, elle ne poussera pas à la
boucherie, à la mort, ses plus généreux enfants. A peine
auraient-ils franchi les frontières, que des ennemis plus
réels essaieraient de franchir ses lois; la guerre civile peut-
être éclaterait dans son sein, et tandis que la banqueroute
envahirait les places, l'émeute ensanglanterait les rues.
Mais pardon : je crois que je fais de la politique, et tu n'en
lis jamais.

Tu as dû voir quelquefois dans les villages, à l'approche
d'une mission, un prédicateur arriver chargé de médailles,
de chapelets, d'images; le *Constitutionnel*, sous la *restau-*

ration, a fait assez de gorges chaudes sur la solennité donnée à ces sortes de distributions. C'est sans doute pour
éviter ce ridicule que nos représentants se sont abstenus
de toute cérémonie dans le don qu'ils nous ont fait de médailles frappées en l'honneur des victimes de juin. Un sac
de toile rousse les contenait; les maréchaux-des-logis et
les sergents les ont délivrées à chacun, avec le sans-façon
d'un moine espagnol donnant de la soupe à des mendiants;
encore s'il y en avait eu pour tout le monde (des médailles
et non de la soupe, bien entendu)! mais il en manquait à
peu près deux cent cinquante. — Pourquoi et comment?

Le procès est encore pendant devant les juges, dit
Horace.

Tu vois que toute médaille a son revers; mais les banquets ont aussi leur lendemain. Nous avons beau crier et
chanter sur tous les tons :

> Jamais en France,
> Jamais l'Anglais ne régnera.

Il y règne, mon cher, à mon grand désespoir, et les modes
anglaises régissent la République. Des banquets et des
toasts, des toasts et des banquets à tous et pour tous : pour
les pauvres, pour les élections, pour l'armée. Je ne finirais
pas si je te disais quelle part ils occupent dans notre vie.

> Les gens d'un naturel joyeux
> Sont aujourd'hui bien malheureux :
> Ils ne peuvent manger morceau qui leur profite ;
> Jamais un plaisir pur, toujours assauts divers.

Jamais un verre de vin sans un discours, et toujours du
bœuf à la mode ou du veau froid sans sauce. Notre légion
pourra chanter à présent :

> Manger pour la patrie,
> C'est le sort le plus beau, le plus digne d'envie.

Ne crois pas que je fasse cette sortie à propos du banquet
offert par nos représentants : je n'y ai pas assisté. Pourquoi?
me diras-tu. Sont-ce les représentants, le sort, ou les suf-

www.ingramcontent.com/pod-product-compliance
Lightning Source LLC
LaVergne TN
LVHW020046090426
835510LV00040B/1431